大数据与智慧物流系列丛书

"十二五"国家重点图书出版规划项目

物流公共信息平台标准体系解析

唐 辉 主 编

叶 静 陈键飞 副主编

李素彩 主 审

电子工业出版社

Publishing House of Electronics Industry

北京·BEIJING

内 容 简 介

本书概括性地介绍了物流公共信息平台的起源与发展,简要介绍了标准、标准体系及标准化相关概念,详细介绍了国内外物流公共信息平台标准化现状及相关标准体系建设情况,深入分析了我国物流公共信息平台标准体系架构、组成部分、要素说明及物流公共信息平台系列标准,给出了基于物流公共信息平台标准开展的应用案例。

本书旨在为有意了解或参与物流公共信息平台建设、开发和应用及从事物流信息标准化研究的企业、科研单位和从业人员,以及社会各界对此内容感兴趣的人员提供参考和帮助。

图书在版编目(CIP)数据

物流公共信息平台标准体系解析 / 唐辉主编. —北京:电子工业出版社,2016.4
(大数据与智慧物流系列丛书)
ISBN 978-7-121-28435-9

Ⅰ. ①物… Ⅱ. ①唐… Ⅲ. ①物流-管理信息系统-标准体系-研究-中国 Ⅳ. ①F259.22-39

中国版本图书馆 CIP 数据核字(2016)第 058436 号

策划编辑:徐蔷薇
责任编辑:徐蔷薇 特约编辑:李春雷
印   刷:北京京科印刷有限公司
装   订:北京京科印刷有限公司
出版发行:电子工业出版社
         北京市海淀区万寿路 173 信箱 邮编 100036
开   本:787×1092 1/16 印张:8.75 字数:180 千字
版   次:2016 年 4 月第 1 版
印   次:2016 年 4 月第 1 次印刷
印   数:3000 册 定价:36.00 元

AUTHOR INTRODUCTION 作者简介

唐　辉　研究员，交通运输部公路科学研究院副总工程师，全国物流标准化技术委员会委员，全国物流信息标准化技术委员会委员，交通运输信息化标准咨询组专家，交通运输物流公共信息平台标准工作组副秘书长。2003 年开始从事物流管理技术、物流标准研究、物流咨询和物流工程等科研与管理工作，主持、参与完成了大量国家级及行业的科研、技术咨询与国家和行业标准制定工作，是"十五"国家科技支撑计划"我国电子商务与现代物流标准体系与关键标准研究与制定"、"物流配送系统标准体系及关键标准研究"的技术负责人，国家"十一五"科技支撑计划"现代物流共性关键技术与平台"的主要参与人，中加科技合作项目"中加供应链管理与安全机制研究"、"中加物流信息平台技术研究"的项目负责人，《物流信息分类与代码》、《道路货物运输服务质量评定》、《包装——用于发货、运输和收货标签的一维条码和二维条码》等 18 个国家和行业标准的主要起草人。目前，主要组织实施交通运输及物流领域标准化项目，组织制定了交通运输物流信息交换标准、甩挂运输数据交换等技术标准。

FOREWORD 总序

大数据技术也称为巨量信息技术，根据维基百科的定义，大数据是指无法在可承受的时间范围内用常规软件工具进行捕捉、管理和处理的数据集合。根据相关定义，可以认为大数据技术指的是所涉及的信息量规模巨大到无法通过目前主流技术与软件工具进行分析处理，无法在合理时间内达到撷取、管理、处理并整理成为帮助企业实现经营决策目标的巨量信息技术。大数据技术使得人类认识世界的思想及方法发生变革。大数据技术的战略意义不在于掌握庞大的数据信息，而在于对这些含有意义的数据进行专业化处理。换言之，如果把大数据比作一种产业，那么这种产业实现盈利的关键，在于提高对数据的"加工能力"，通过"加工"实现数据的"增值"。

从技术上看，大数据与云计算的关系就像一枚硬币的正、反两面一样密不可分。大数据必然无法用单台的计算机进行处理，必须采用分布式架构。它的特色在于对海量数据进行分布式数据挖掘，但它必须依托云计算的分布式处理、分布式数据库和云存储、虚拟化技术。

智慧物流是利用集成化、智能化、移动化技术，使物流系统具有智能性，具有思维、感知、学习、推理判断和自行解决物流过程中的某些问题的能力，它包含了智能运输、自动仓储、动态配送及智能信息的获取、加工和处理等多项基本活动，为供方提供最大化的利润，为需方提供最佳的服务，同时也应消耗最少的自然资源和社会资源，从而形成完备的智慧物流综合管控体系。

继第三次工业革命之后，2013 年被称为大数据元年，2014 年为移动互联元年。在此背景下，大数据与智慧物流系列丛书的核心思想是大数据技术与智慧物流行业的深度融合与综合集成，面向大数据技术在智慧物流领域的应用问题，着重研究大数据背景下智慧物流体系、理论、方法和技术应用，推动我国现代物流行业健康、有序、协调、绿色发展。

本系列丛书具有以下特点：

1. 系统创新性。本系列丛书的编写借鉴国内外优秀丛书的写作思路，以"概念—原理—方法—应用"为主线，以多学科综合协同为理论基础，将信息技术、工程技术、物流管理等有机结合起来，使读者对智慧物流的原理、技术、方法和应用有一个系统、全面的认识。

2. 实践应用性。本系列丛书在基础技术论述及应用层面，以讲清概念、强化应用为重点，在此基础上适当介绍相关学科的新发展、新方法、新技术。同时，根据大数据与智慧物流的强应用性、强技术性特点，在本系列丛书中突出案例应用，使其具有更强的实践性。

3. 能力提升性。本系列丛书注重物流行业从业人员应用意识、兴趣和能力的提高，强调知识与技术的灵活运用，培养和提高智慧物流从业人员的实际应用能力和实践创新能力。着眼于物流从业人员所需的专业知识和创新技能，强化实际能力训练，让从业人员学而有用，学而能用，提升智慧物流行业从业人员能力及智慧物流行业效率。

为了探索有中国特色的智能物流发展之路，推进物流产业的发展，在大数据、物联网与云计算技术快速发展的同时，及时给人们带来有效学习和掌握新思想、新技术的途径与平台，丛书编委会策划了这套"大数据与智慧物流系列丛书"，以为社会提供一整套体系完整、层次清晰、技术翔实、数据准确、通俗易懂的丛书，推动我国大数据技术应用与物流信息化建设向更高层面、更广领域纵深发展，为各级政府部门、广大用户及信息业界提供决策参考和工作指南。

为保证本系列丛书的编写质量，特别邀请本领域理论研究和工程实践的知名专家、学者担任丛书主审。在此，向为本系列丛书编写和出版提供帮助的所有人士表示衷心的感谢和由衷的敬意。

王喜富

大数据与智慧物流系列丛书编委会秘书长

2016 年 1 月于北京

PREFACE 前言

自 2009 年国务院发布《物流业调整和振兴规划》，到 2014 年 10 月国务院印发《物流业发展中长期规划（2014—2020）》，近几年国家出台的相关政策不少，引发的社会关注度甚高。国家层面的政策导向，体现了现代物流与经济社会转型发展一脉相承，说明了现代物流是提高国家经济运行效率和质量及竞争力的基础，也证实了现代物流已成为新兴经济增长点。

信息化是现代物流的重要依托，是物流系统的灵魂，更是未来的发展趋势，这对提升物流效率、降低物流成本具有至关重要的决定性作用。当前我国物流业发展较为滞后，其关键原因是信息交换和共享程度低，使得物流资源难以得到高效和优化配置。因此，物流公共信息平台是信息化建设的重要内容，通过物流公共信息平台的建设，实现信息交换和共享范围在广度和深度上的进一步拓深，将有效解决信息不畅、不对称、不透明等问题，进而使物流资源在更大范围内实现优化配置，提升我国物流的效率。显然，构建物流公共信息平台已然成为我国现代物流发展的必然要求。

交通运输在推进物流业发展中具有基础和主体作用。近年来，随着传统运输企业向现代物流企业的转型、货运站场向物流园区的转型、传统产业向现代服务业的转型，物流公共信息平台建设需求日益紧迫，行业内把物流公共信息平台建设作为整合物流资源、提高运输效率的重要抓手和转型升级的切入点。按照国家新的要求，围绕行业实际情况，交通运输部着力推动了物流公共信息平台的建设和应用工作，行业内也相继涌现出了内蒙古交通物流信息平台、河南省"八挂来网"物流信息平台、上海市陆上货运交易中心等一批各具特色的典型应用。其中，由部省开展共建的国家交通运输物流公共信息平台发展迅速，产生了一定的社会效益，引发了行业关注。

标准是物流公共信息平台建设的基础支撑，是实现跨行业、跨区域、跨部门和跨国界物流信息交换，保障各类应用系统互联及提供高质量物流信息服务的关键所在。物流公共信息平台的建设目的，就是为物流链上相关信息系统提供信息交换和共享服务，并提供进一步的增值服务和应用。这些交换和共享服务均是以统一的标准为基础。而标准体系是由一定范围内的标准按其内在联系形成的科学的有机整体。标准体系的科学建立，是物流公共信息平台标准化的基础和重中之重，有助于统筹规划物流公共信息平台的标准化工作，不断促进物流公共信息平台的发展与完善。当前，各行各业都在推动行业标准体系的建设，比如我国物流标准体系、物流信息标准体系、交通运输信息化标准体系和综合交通运输标准体系等，而物流公共信息平台标准体系正是在吸收和借鉴各类相关标准的基础上，创新性地基于物流公共信息平台的核心功能而构建，对于统一信息交换标准，实现顺畅高效的物流信息交换，提高物流组织效率，降低物流成本，推动传统产业向现代服务业转型具有重要的基础作用和现实意义。

为了使物流行业的科研技术人员、业务人员、管理人员、开发人员了解物流公共信息平台标准体系的主体结构、内容构成和物流公共信息平台相关标准的技术要点，以及在行业中的应用，本书从物流公共信息平台的起源、发展和标准的提出出发，介绍了物流公共信息平台标准体系的概念、作用、框架结构、组成部分及物流公共信息平台系列标准的主要技术内容和标准应用案例，力求较全面地对物流公共信息平台标准体系进行解析，引导读者以务实的态度筹划物流公共信息平台标准的制定和修订，用创新的思维推动物流公共信息平台标准在物流及供应链领域的应用。

为了充分反映物流公共信息平台标准在物流公共信息平台中的应用和发展现状，我们成立了以行业内相关研究人员组成的编写小组，具体各章节分工如下：第 1 章由唐辉、叶静、陈键飞编写；第 2 章由叶静、戴建锋、张健华、姚骅编写；第 3 章由叶静、裴爱晖、焦雯雯、唐辉、沈雅、黄浩丰、殷庆武编写；第 4 章由陈键飞、黎晨、董磊、景雁、张波峰、吕琴、于清、傅翀编写。

本书的编写与出版获得了国家科技支撑计划课题"交通运输物流信息交换基础网络与应用服务技术研发及应用"（2014BAH24F02）的支持，也是该课题中标准研究制定与应用推广的成果总结。

对本书的写作我们倾注了大量心血，也付出了极大努力，但因时间关系，成书仍显仓促，因此书中难免存在疏漏之处，恳请读者提出宝贵意见。

作　者
2015 年 12 月

CONTENTS 目录

第1章　概述 ·· 1

1.1　物流公共信息平台的起源与发展 ··· 2

1.1.1　起源 ··· 2

1.1.2　内涵 ··· 3

1.1.3　发展历程 ··· 3

1.1.4　发展现状 ··· 4

1.2　标准与标准化 ·· 7

1.2.1　标准与标准化的概念 ··· 7

1.2.2　标准化组织 ·· 11

1.2.3　标准制定程序 ··· 15

1.3　物流公共信息平台标准的提出 ··· 16

1.3.1　物流公共信息平台标准化的问题与需求 ··· 16

1.3.2　物流公共信息平台标准适用范围与内容简介 ····································· 18

第2章　物流公共信息平台标准体系 ·· 19

2.1　标准体系的概念及作用 ·· 20

2.2　国内外物流信息平台标准化现状 ··· 20

2.2.1　国外物流信息平台标准化现状 ··· 21

2.2.2　国内物流信息平台标准化介绍 ··· 23

2.3　相关标准体系介绍与分析 ·· 25

2.3.1　相关标准体系介绍 ··· 25

2.3.2　相关标准体系分析 ··· 28

2.4　物流公共信息平台标准体系架构 ··· 30

2.4.1　架构概述 ·· 30

2.4.2　基础标准 ·· 31

2.4.3　平台互联与交换标准 ··· 33

2.4.4　应用和服务规范 ·· 35

2.4.5　标准升级维护管理规范 ··· 36

2.4.6　标准符合性测试规范 ··· 36

2.5　物流公共信息平台标准体系要素说明 ··· 36

第3章　物流公共信息平台系列标准 ·· 39

3.1　平台基础标准 ··· 40

       3.1.1   元数据 ·· 40

       3.1.2   数据元与代码集 ·· 43

       3.1.3   主要单证 ·· 47

   3.2   平台互联与交换标准 ··· 60

       3.2.1   统一身份认证 ·· 60

       3.2.2   数据交换接口 ·· 63

       3.2.3   服务交换接口 ·· 69

       3.2.4   信息安全管理 ·· 75

   3.3   平台应用与服务规范 ··· 81

       3.3.1   跟踪服务规范 ·· 81

       3.3.2   信用应用服务规范 ······································ 87

       3.3.3   物流资源应用服务规范 ·································· 92

       3.3.4   物流园区互联应用 ······································ 97

       3.3.5   公铁联运应用服务规范 ································· 103

第 4 章   物流公共信息平台标准应用案例 ···························· 109

   4.1   危险品运输监管网络应用 ·· 110

       4.1.1   背景介绍 ··· 110

       4.1.2   面临的问题 ··· 110

       4.1.3   解决方案 ··· 111

       4.1.4   标准应用 ··· 113

       4.1.5   效果分析 ··· 114

   4.2   园区/港区信息共享网络应用 ···································· 115

       4.2.1   背景介绍 ··· 115

       4.2.2   面临的问题 ··· 115

       4.2.3   解决方案 ··· 116

       4.2.4   标准应用 ··· 116

       4.2.5   效果分析 ··· 120

   4.3   供应链协作应用 ·· 120

       4.3.1   背景介绍 ··· 120

       4.3.2   面临的问题 ··· 121

       4.3.3   解决方案 ··· 122

       4.3.4   标准应用 ··· 122

       4.3.5   效果分析 ··· 122

   4.4   货物跟踪服务应用 ·· 123

       4.4.1   背景介绍 ··· 123

       4.4.2   面临的问题 ··· 123

       4.4.3   解决方案 ··· 123

       4.4.4   标准应用 ··· 125

       4.4.5   效果分析 ··· 125

参考文献 ··· 127

第1章
概　　述

内容提要

　　信息化是发展现代物流的重要手段和支撑。物流公共信息平台是物流信息化建设的重要内容，通过系统互联、数据交换和信息资源共享，可保证物流资源在更大范围内和更深层次上实现优化配置，提升物流效率。标准化是物流公共信息平台建设的基础支撑，是实现跨区域、跨部门物流信息交换，保障各类应用系统互联以及提供高质量物流信息服务的关键所在。

　　本章介绍物流公共信息平台的起源与发展，并基于标准化的基本理论，提出物流公共信息平台标准化的需求和重要意义，概述性地介绍了物流公共信息平台标准的适用范围与内容。

1.1 物流公共信息平台的起源与发展

1.1.1 起源

市场经济的模式下，社会的发展速度常常体现在"流动"的效率上，商流、物流、信息流、现金流……这些"流动"形式几乎涵盖了现代商业社会的全部活动。随着我国经济的发展，注重效率逐渐成为了一种社会习惯，这同样也体现在了日渐庞大的物流业上。

据调查显示，在 2009 年，全国货车的空载率高达 40%，而同时各个物流企业又存在着巨大的运输需求，因此，这样的空载率不仅增加了物流成本，也造成了巨大的资源浪费。众所周知，物流系统是由运输、储存、包装、装卸、搬运、加工、配送等多个作业环节构成，这些环节相互联系形成物流系统整体。在物流信息化之前，由于信息管理手段落后，信息化传递速度慢、准确性差、缺乏共享性，使得各环节之间的衔接不协调或相互脱节，以及运输规模与库存成本之间的矛盾、成本与服务之间的矛盾、中转与装卸之间的矛盾等，都是现代物流系统经常需要平衡的矛盾。

出现在运输环节的空载率问题，正是上述矛盾没得到解决的后果。一方面，传统的物流业无法将商流与信息流相结合，信息不透明、不共享，导致运作效率较低，成本居高不下；另一方面，我国绝大多数物流企业存在"小"（经营规模小）、"少"（市场份额少、服务功能少、高素质人才少）、"弱"（竞争能力弱、融资能力弱）、"散"（货源不稳定且结构单一、网络分散、经营秩序不规范）的问题，使得这些企业无法对市场做出积极的反应，心有余而力不足。一时间，这些难题几乎成为了横亘在我国物流业前的一座高山，不可逾越。

就是在这样的背景下，借助互联网平台，搭建以数据交换为核心的物流公共信息平台成为了业内的迫切需求，同时物流行业也希望能够借助这样的平台，推进物流信息化的转型升级，提升企业竞争力，降低运输成本，减少资源损耗。

那么，究竟怎样的物流公共信息平台才真正能够解决上述问题呢？

一般来说，凡是能够支持或者进行物流服务供需信息的交互或交换的网站，均可视为物流信息平台。比如一个物流公司为方便公司与其用户的联系而设计了一个信息交换系统，使得用户和公司可以保持便捷的联系，那么这个系统就具备了物流信息平台的性质。类似这样的平台，国内有大大小小成百上千家，其中鱼龙混杂，信息虽然丰富，但真伪难辨、良莠不齐。与此同时，对于那些"小、少、弱、散"的中小型物流企业来说，搭建属于自己的物流平台也是一个遥不可及的设想。所以，在传统与现代的转型期，搭建平台的重任，自然而然地落到了政府的身上。于是，以浙江省为代表，政府搭台、企业唱戏的一系列省际物流公共信息平台在中国大地上如火如荼地成长了起来。

1.1.2　内涵

物流公共信息平台是指运用先进的信息技术和现代通信技术所构建的具有虚拟开放性的物流网络平台。通过该平台，可以将包括运输、仓储、包装、配送、流通加工等多个环节的物流活动，将铁路、公路、航空、水运、管道等多种运输方式，将供应链上的各个伙伴、各个环节联结成一个整体，从更广域的范围整合和利用社会资源，实现信息的交互和共享，降低物流成本，提高物流运作的效率，提升物流服务的质量。

物流公共信息平台是一个物流信息化、网络化与物流信息网络建设实践相结合的产物，我们往往可以把它看作是物流网络的前端窗口，把与物流过程有关的政府、物流企业、物流业务需求方等众多参与者连接在一起，为各类物流过程提供相关信息资源的查询、发布、传递、交换、处理和交易等物流信息服务。

物流公共信息平台具有以下几个基本特征。

- 公共性：主要提供基础性公共服务，核心是实现物流信息的交换与共享。
- 开放性：向全社会提供服务，不局限于特定行业、特定作业环节和特定服务对象。
- 共享性：实现不同部门、不同行业、不同地区、不同物流信息系统间信息交换与共享，减少信息孤岛和重复建设。

1.1.3　发展历程

2009 年 3 月，国务院出台了《物流业调整和振兴规划》（以下简称《振兴规划》），将"物流公共信息平台"列为九大重点工程之一，提出"加快建设有利于信息资源共享的行业和区域物流公共信息平台项目，重点建设电子口岸、综合运输信息平台、物流资源交易平台和大宗商品交易平台。鼓励企业开展信息发布和信息系统外包等服务业务，建设面向中小企业的物流信息服务平台。"在《振兴规划》分工方案中，明确要求交通运输部"制定物流信息技术标准和信息资源标准，建立物流信息采集、处理和服务的交换共享机制。加快行业物流公共信息平台建设，建立全国性公路、航空及其他运输与服务方式的信息网络。推动区域物流信息平台建设，加快各政府部门的物流管理与服务公共信息平台，扶持一批物流信息服务企业。"这是第一次从国家层面把物流公共信息平台建设提到如此重要的战略地位，为物流公共信息平台的建设和发展提供了良好的政策环境。

从建设实践看，2006 年开始，全国各地纷纷开展区域性、行业性的物流公共信息平台的建设，涌现出河南"八挂来网"、浙江"交通物流公共信息共享平台"、上海"56135"、深圳"途鸽网"、北京"北京物流门户"等多种形式的物流公共信息平台。其中，浙江"交通物流公共信息共享平台"和河南"八挂来网"的发展最具特色，是行业内具有代表性的信息平台。

有些省市甚至在进行省际物流公共信息平台的规划、省际共建物流信息平台的建立，将做到物流信息互联互通和信息共享，有利于实现省际间、区域间的横向整合，优化资源配置、降低社会物流成本。2009 年 7 月，山东、浙江、上海、江苏、黑龙江、安徽、福建、青海、四川、内蒙古、宁夏 11 省（自治区、市）道路运输部门在杭州签订《省际物流公共信息平台共建协议》。此后，湖南等 5 省也与浙江省签订了共建协议。16 省、市、自治区将建立联席会议制度，成立共建办公室、开展项目试点、联合建设和推广等共建机制，共同推进省际物流公共信息平台建设。2009 年 12 月，交通运输部与浙江省人民政府签署共同推进浙江省交通物流发展的会谈纪要，提出部省共建"交通运输物流公共信息平台"试点示范项目，标志着该平台成为全国交通物流发展试验先行官。短短两年时间，这张集服务交换、信息共享等为一体的物流信息大网撒向全国各地。当省级物流公共信息平台发展到一定的程度，全国性的物流公共信息平台也就应运而生。2013 年 11 月，交通运输部正式出台了《交通运输物流公共信息平台建设纲要》、《交通运输物流公共信息平台国家级管理服务系统建设方案》、《交通运输物流公共信息平台区域交换节点建设指南》三大纲领性文件。这标志着全国交通"大物流 EDI"建设方案基本明确，交通运输物流公共信息平台进入全面推进阶段。

　　三大纲领性文件中对交通运输物流公共信息平台的基本定位、总体目标、功能以及建设运营保障和具体实施方案都给出了明确方向，并正式确定了平台"1+32+nX"的总体布局。其中"1"代表国家级管理服务系统，由交通运输部组织建设，主要建设交换管理系统和铁路、公路、水路、民航、邮政等国家交换节点；"32"泛指省级区域交换节点，负责区域物流信息交换，由地方交通运输主管部门主导建设；"nX"是指"公共平台"拓展和衔接的信息服务体系，如道路运政、水道运政等行业内信息管理系统，公安、商务、质检等行业外信息系统，运输、仓储、商贸等企业信息系统等，这些独立系统依托"公共平台"开展各类互联应用。"公共平台"布局如图 1-1 所示。

1.1.4　发展现状

　　物流公共信息平台是物流信息化建设的重要内容，通过系统互联、数据交换和信息资源共享，保证物流资源在更大范围内和更深层次上实现优化配置，提升我国物流效率。在 2014 年国务院发布的《物流业发展中长期规划（2014—2020 年）》（国发〔2014〕42号）中提出重点任务之一——要建设智能物流信息平台，形成集物流信息发布、在线交易、数据交换、跟踪追溯、智能分析等功能为一体的物流信息服务中心。加快推进国家交通运输物流公共信息平台建设，依托东北亚物流信息服务网络等已有平台，开展物流信息化国际合作，与国家建立物流信息服务中心的宗旨一致。

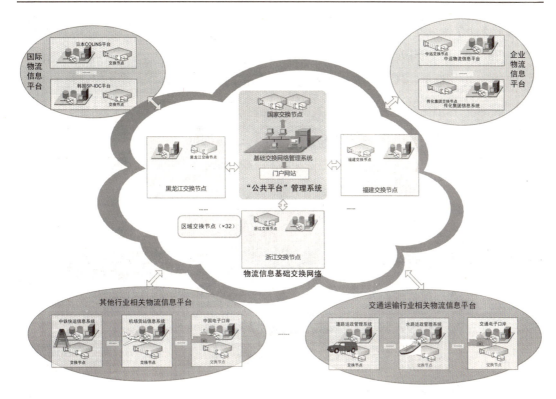

图 1-1　"公共平台"布局图

　　国家交通运输物流公共信息平台定位于以提高社会物流效率为宗旨，以实现物流信息高效交换和共享为核心功能，以连通各类物流信息平台和企业生产作业系统、统一信息交换标准、消除信息孤岛为目的，面向全社会的公共物流信息服务网络。其服务内容如图 1-2 所示。

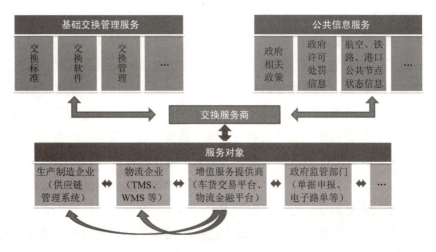

图 1-2　交通运输物流公共信息平台的服务内容

　　目前，交通运输物流公共信息平台建设工作已取得良好成效，主要体现在：

1）建立了基础交换网络管理系统（见图1-3）

已建成了 1 个交换管理信息系统，基本实现物流交换代码的管理、交换服务器的日常管理和监控、标准和代码管理等基本功能；推出了通用交换软件，在全国部署了 9 个区域交换节点，软件完成了两次升级。

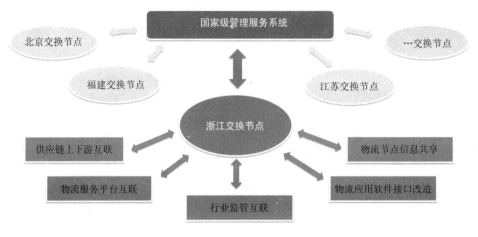

图1-3 基础交换网络示意图

2）推进了一批互联应用

主要包括如下五类。

（1）第一类：与供应链上下游互联，已实现了与零售贸易商、生产制造商和物流企业的业务数据交换。

（2）第二类：与物流服务平台的互联，整合了阿里巴巴、衢州物流网等近 10 个物流信息运营商等，开展了互联应用，同时还建设了信用中心、物流资源、货物跟踪、货物间订舱等物流增值服务平台。

（3）第三类：物流节点信息共享，实现了浙江省内 23 个物流园区、3 个港口（宁波、舟山和温州港）、1 个机场（萧山机场）与"公共平台"互联。

（4）第四类：物流应用软件接口改造，开发了普通货物运输、危险货物运输、集装箱运输、物流园区管理等 32 个物流通用管理软件，推广应用的企业达到 1 万家。

（5）第五类：行业监管互联，已基本实现全省所有的危险品运输企业与管理部门的信息系统互联，完成浙江省 23 个物流园区（港区）近 3 万辆营运车辆 RFID 卡信息共享。

交通运输物流公共信息平台有效满足了市场的物流信息交换需求，提高了企业信息化水平，提升了物流集约化、一体化服务水平，增强了政府行业监管和服务能力。数据显示，使用"公共平台"物流管理软件企业已有 1 万余家，依托平台实现互联的企业已近 30 万家。企业通过"公共平台"实现交换数据量累计超过 8 亿条，日交换量最高达 200 万条，服务了 1 000 亿的物流产值。目前，"公共平台"建设已进入加快推进的关键阶段。

1.2 标准与标准化

1.2.1 标准与标准化的概念

1. 标准的定义

国家标准 GB/T 20000.1—2002《标准化工作指南 第 1 部分：标准化和相关活动的通用词汇》中对标准的定义是："为了在一定范围内获得最佳秩序，经协商一致制定并由公认机构批准，共同使用和重复使用的一种规范性文件。"

WTO/TBT 技术性贸易壁垒协议中规定："标准是被公认机构批准的、非强制性的、为了通用或反复使用的目的，为产品或其加工或生产方法提供规则、指南或特性的文件。"

由以上的定义可知：

- 标准是统一的规定，它主要针对重复性所做的；
- 标准不是凭空想象的规定，它是科学、技术和实践经验的结晶；
- 标准是经多方协商的结果，且有权威机构批准。

通俗地讲，标准是为在一定的范围内获得最佳秩序，对活动或其结果规定共同的和重复使用的规则、导则或特性的文件。该文件经协商一致制定并经一个公认机构批准。标准应以科学、技术和经验的综合成果为基础，以促进最佳社会效益为目的。

2. 标准化的定义

国家标准 GB/T 20000.1—2002《企业标准化工作指南 第一部分：标准化和相关活动的通用词汇》中对标准化的定义是：为在一定范围内获得最佳秩序，对现实问题或潜在问题制定共同使用和重复使用的条款的活动。

由以上的定义可知：

- 标准化的目的是获益；
- 标准化有一个过程，一般是制定、发布和实施标准这几个过程。

通俗地讲，标准化是为在一定的范围内获得最佳秩序，对实际的或潜在的问题制定共同的和重复使用的规则的活动。标准化主要包括制定标准、实施标准进而修订标准，这是一个不断循环、螺旋式上升的活动过程。每完成一个循环，标准的技术水平就提高一步。标准化的主要目的是改进产品、过程和服务的适用性，防止贸易壁垒，促进技术合作。

3. 标准的分级

按级别，标准分为国际标准、区域标准、国家标准、行业标准、团体标准、地方标准和企业标准七级。如：GB 表示国家标准，JT 表示交通运输行业标准，DB33 表示浙江省地方标准，Q/×××为企业标准。

1）国际标准

国际标准指由国际性标准化组织制定并在世界范围内统一和使用的标准。目前是指由国际标准化组织（ISO）、国际电工委员会（IEC）、国际电信联盟（ITU）所制定的标准，以及被国际标准化组织确认并公布的其他国际组织所制定的标准。国际标准是世界各国进行贸易的基本准则和基本要求。

2）区域标准

区域标准指由一个地理区域的国家代表组成的区域标准组织制定并在本区域内统一和使用的标准。如欧洲标准化委员会（CEN）、亚洲标准咨询委员会（ASAC）、泛美技术标准委员会（COPANT）所制定的标准。区域标准是该区域国家集团间进行贸易的基本准则和基本要求。

3）国家标准

国家标准指由国家的官方标准机构或国家政府授权的有关机构批准、发布并在全国范围内统一和使用的标准。国家标准是我国标准体系中的主体。国家标准一经批准发布实施，与国家标准相重复的行业标准、地方标准即行废止。国家标准由国务院标准化行政主管部门编制计划，组织草拟，统一审批、编号和发布，以保证国家标准的科学性、权威性和统一性。

国家标准的编号由国家标准代号、标准发布顺序号和发布的年号（即发布年份的后两位数字）组成。根据《国家标准管理办法》的规定，国家标准的代号由大写的汉语拼音字母构成。强制性国家标准代号为"GB"。推荐性国家标准代号为"GB／T"。国家标准编号如图1-4所示。

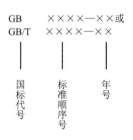

图 1-4　国家标准编号

4）行业标准

行业标准是指由一个国家内一个行业的标准机构制定并在一个行业内统一和使用的标准。如我国电子行业标准（SJ）、通信行业标准（YD）等。行业标准是全国某个行业范围内需要统一的技术要求，是专业性较强的标准，在相应的国家标准实施后即行废止，由国务院有关行政主管部门制定、审批、编号和发布。行业标准是国家标准的补充。行业标准由国务院有关行政主管部门统一制定、审批、编号和发布，并报国务院标准化行政主管部门备案。

行业标准编号由行业标准代号、专业代号、分类代号、行业标准顺序号和发布年号组成。根据《行业标准管理办法》规定，行业标准代号由国务院标准化行政主管部门规定，在尚无新规定的情况下，仍沿用原部标准代号。行业标准也有强制性标准 ZB 和推荐性 ZB/T 标准两种。行业标准编号如图 1-5 所示。

图 1-5　行业标准编号

5）团体标准

团体标准指由一个国家内一个团体制定的标准。如美国试验与材料协会（ASTM）、德国电气工程师协会（VDE）、挪威电气设备检验与认证委员会（NEMKO）、日本电气学会电气标准调查会（JEC）等制定的标准。长期以来，我国标准体系中缺乏团体标准，随着标准化工作改革的深化，团体标准将纳入我国标准体系。在《国务院关于印发深化标准化工作改革方案的通知》（国发〔2015〕13 号）中，明确提出要培育发展团体标准，由社会组织和产业技术联盟自主制定、发布，国务院标准化主管部门会同国务院有关部门制定团体标准发展指导意见和标准化良好行为规范，对团体标准进行必要的规范、引导和监督。

6）地方标准

地方标准是指由一个国家内的某行政区域标准机构制定并在本行政区域内统一和使用的标准。在我国，地方标准由省、自治区、直辖市标准化行政主管部门制定；并报国务院标准化行政主管部门和国务院有关行政主管部门备案。在公布国家标准或者行业标准之后，该项地方标准即行废止。

地方标准编号由地方标准代号、标准顺序号和发布年号组成。根据《地方标准管理办法》的规定，地方标准代号由汉语拼音字母"DB"加上省、自治区、直辖市行政区划代码前两位数字再加斜线，组成强制性地方标准代号；再加"T"则组成推荐性地方标准代号。地方标准编号如图 1-6 所示。

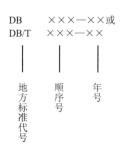

图 1-6　地方标准编号

7）企业标准

企业标准是指由企业制定的产品标准和为企业内需要协调统一的技术要求和管理，工作要求所制定的标准。企业标准是企业组织生产经营活动的依据。

凡是取得企业法人资格的，无论是国有企业、集体企业、个体企业、乡镇企业，或者建立在我国境内的外商投资企业，都有权利和义务按照《标准化法》的规定制定企业标准，作为组织生产的依据，并按规定上报当地政府标准化行政主管部门和有关行政主管部门备案。

企业标准编号由企业标准代号、标准顺序号和发布年号组成。根据《企业标准化管理办法》规定，企业标准代号由汉语拼音字母"Q"加斜线再加上企业代号组成。企业代号可用汉语拼音字母或用阿拉伯数字或两者兼用，具体办法由当地行政主管部门规定。企业标准编号如图 1-7 所示。

图 1-7　企业标准编号

目前，我国根据标准的适应领域和有效范围，我国将标准分为四级，即国家标准、行业标准、地方标准、企业标准。但随着《深化标准化工作改革方案》的实施，我国将形成国家、行业、地方、社会团体和企业标准间层次分明、政府主导制定的标准与市场自主制定的标准协同发展、协调配套的新型标准体系。

4. 标准的分类

标准可以按不同的目的和用途从不同的角度进行分类。目前，我国运用较多的分类方法主要有按约束力分类和按标准化对象分类两种。

1）按约束力分类

按约束力，国家标准和行业标准可分为强制性标准、推荐性标准和指导性技术文件三种。这是我国特殊的标准种类划分法。强制性标准是指根据普遍性法律规定或法规中的唯一性引用加以强制应用的标准；根据《中华人民共和国标准化法》，保障人体健康，人身和财产安全的标准和法律、行政法规规定强制执行的标准是强制性标准。除强制性标准范围以外的标准是推荐性标准。推荐性标准是在生产、交换、使用等方面，通过经济手段调节而自愿采用的一类标准，又称自愿性标准或非强制性标准。指导性技术文件是一种推荐性标准化文件，为给仍处于技术发展过程中（如变化快的技术领域）的标准化工作提供指南或信息，供科研、设计、生产、使用和管理等有关人员参考使用而制定的标准文件。

2）按标准化对象分类

按标准化对象，标准可分为技术标准、管理标准、工作标准和服务标准四大类。这四类标准根据其性质和内容又可分为许多小类。技术标准是对标准化领域中需要协调统一的技术事项所制定的标准，一般包括基础标准、方法标准、产品标准、工艺标准、工艺设备标准以及安全、卫生、环保标准等。管理标准是对标准化领域中需要协调统一的科学管理方法和管理技术所制定的标准，主要包括技术管理、生产安全管理、质量管理、设备能源管理和劳动组织管理标准等。工作标准是按工作岗位制定的有关工作质量的标准，是对工作的范围、构成、程序、要求、效果、检查方法等所做的规定，是具体指导某项工作或某个加工工序的工作规范和操作规程；一般分为专项管理业务工作标准、现场作业标准和工作程序标准三种。服务标准是指规定服务应满足的要求以确保其适用性的标准，可以在诸如洗衣、饭店管理、运输、汽车维护、远程通信、保险、银行、贸易等领域内编制；按服务标准的内容和性质主要可分为：服务评价标准、服务提供标准和质量控制标准。

1.2.2　标准化组织

1. 与物流相关的国际标准化组织

目前国际上与物流相关的标准化组织主要有 UN/CEFACT、ISO、OASIS。

1）UN/CEFACT（United Nations Centre for Trade Facilitation and Electronic Business，联合国贸易便利化与电子业务中心）

UN/CEFACT 成立于 1960 年，是联合国下属的标准化机构，是一个专门从事研究、制定、发布和推广国际贸易便利化与标准化的机构，它的目标是为来自发达国家、发展中国家和经济转型国家提高其商业、贸易和行政机构的产品交易及相关业务的实际操作能力。其重点在于通过简化和协调流程、手续和信息流，促进国家和国际的贸易，并就此为商业和贸易的整体发展做出贡献。

它的主要任务就是制定全球统一的标准来消除国际贸易中的技术壁垒，提高效率。为了解决技术壁垒问题，节省国际贸易的成本，提高效率，UN/CEFACT 从 20 世纪 80 年代开始就负责专门从事研究和制定国际贸易单证以及电子商务的国际标准和措施，并在联合国框架内发布和推广这些标准和措施。到目前为止 UN/CEFACT 共发布了 35 个建议书、7 套标准和 5 套技术规范，形成了一套全球统一的国际贸易便利化与标准化体系，如图 1-8 所示。

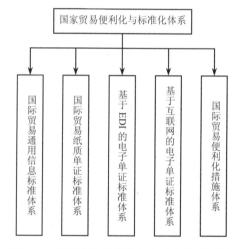

图 1-8　国际贸易便利化与标准化体系框架

目前的国际贸易便利化措施体系由 10 个 UN/CEFACT 建议书组成，未来还有可能增加新的国际贸易便利化措施。通常国际贸易便利化措施都是以 UN/CEFACT 建议书的形式给出。表 1-1 给出了国际贸易便利化措施体系明细表。

表 1-1　国际贸易便利化措施体系明细表

序号	英文名称	中文名称	标准的性质
1	NATIONAL TRADE FACILITATION BODIES	全国性贸易便利化机构	建议书 4 号
2	Unique identification code methodology	唯一标示编码方法（UNIC）	建议书 8 号
3	Measures facilitate maritime transport documents procedures	海运单证简化程序措施	建议书 12 号
4	Facilitation of identified legal problems in import clearance procedures	在进口清关程序中确定法律问题的简化措施	建议书 13 号
5	Authentication of Trade Documents by means other than signature	用非签署方式对贸易单证认证	建议书 14 号
6	Facilitation Measures related to international Trade procedures	有关国际贸易便利化措施	建议书 18 号
7	Pre-shipment inspection	装运前检验	建议书 27 号
8	Establishing a single window	建立单一窗口	建议书 33 号
9	Data Simplification and Standardization for International Trade	国际贸易数据简化与标准化	建议书 34 号

目前的国际贸易通用信息标准体系由 14 个 UN/CEFACT 建议书组成，未来 UN/CEFACT 还有可能以建议书的形式增加新的国际贸易通用信息标准。通常国际贸易通用信息标准都是以 UN/CEFACT 建议书的形式给出。为了满足我国国际贸易的实际需求，我国还研制开发了 4 项符合我国国际贸易实际需求具有自主知识产权的通用信息国家标准，它们与 14 个 UN/CEFACT 建议书一起组成了国际贸易通用信息标准体系。表 1-2 给出了国际贸易通用信息标准体系明细表。

表 2-2　国际贸易通用信息标准体系明细表

序号	英文名称	中文名称	标准的性质
1	Codes for representation of names of countries	国家名称的代码表示	建议书 3 号（GB/T 2659—2000）
2	Abbreviations of INCOTERMS	国际贸易术语解释通则缩写	建议书 5 号（GB/T 15423—1994）
3	Numerical representation of date, time, and periods of time	日期、时间和时间期限的数字表示	建议书 7 号（GB/T 7408—2005）
4	Alphabetical code for representation of currencies	表示货币的字母代码	建议书 9 号（GB/T 12406—2008）
5	Codes for ship's name	船舶名称代码	建议书 10 号（GB/T 18366—2001）
6	Simpler shipping marks	简单运输标志	建议书 15 号（GB/T 18131—2000）
7	Codes for ports and other locations	口岸及相关地点代码	建议书 16 号（GB/T 15514—2008）
8	Payterms-Abbreviations for terms of payment	付款条款缩写	建议书 17 号（GB/T 18126—2010）
9	Code for modes of transport	运输方式代码	建议书 19 号（GB/T 6512—1998）
10	Codes for units of measure used in international Trade	国际贸易计量单位代码	建议书 20 号（GB/T 17295—2008）
11	Codes for types of cargo, packages and packaging materials	货物、包装以及包装类型代码	建议书 21 号（GB/T 16472—1996）
12	Freight cost code	运费代码	建议书 23 号（GB/T 17152—2008）
13	Trade and transport status codes	贸易和运输状态代码	建议书 24 号
14	Codes for types of means of transport	运输工具类型代码	建议书 28 号（GB/T 18804—2002）
15	International Trade Model	国际贸易方式代码	GB/T 15421—2008
16	Classification and codes for international trade payment	国际贸易付款方式分类与代码	GB/T 16962—2010
17	Drafting rules for international trade contract codes	国际贸易合同代码编制规则	GB/T 16963—2010
18	Codes for China and world main shipping trade ports	中国及世界主要海运贸易港口代码	GB/T 7407—2008

2）ISO（International Organization for Standardization，国际标准化组织）

ISO 成立于 1947 年，是一个全球性的非政府组织，目前已成为世界上最大、最具权威性的国际标准化专门机构。同时，ISO 是联合国经社理事会的甲级咨询组织和贸易发展理事会综合级（即最高级）咨询组织。其主要活动是制定国际标准，协调世界范围的标准化工作，组织各成员国和技术委员会进行情报交流，以及与其他国际组织进行合作，共同研究有关标准化问题。

ISO 技术工作分别由 2 700 多个技术委员会（TC）、分技术委员会（SC）和工作组（WG）承担。在这些委员会中，世界范围内的工业界代表、研究机构、政府权威、消费团体和国际组织都作为对等合作者共同讨论全球的标准化问题。

ISO 制定的标准都是推荐性标准，但 ISO 颁布的标准具有很强的权威性、指导性和通用性，对世界标准化进程起着十分重要的作用，所以许多国家的政府部门，有影响的工业部门及有关方面都通过参加技术委员会、分委员会及工作小组的活动积极参与 ISO 标准制定工作，我国也以中国国家标准化管理局（SAC）的名义参加了 ISO 的工作。

国际上很多标准化组织制定的标准应用成熟后都被采纳成为 ISO 标准。

3）OASIS（Organization for the Advancement of Structured Information Standards，结构化数据标准发展组织）

OASIS 是一个推进电子商务标准发展、融合与采纳的非营利性国际化组织。会员包括惠普、IBM 及微软等科技大厂，以及在商业应用上使用 XML 语言的一些企业，例如 Visa 及 Wells Fargo Bank。相比其他组织，OASIS 形成了更多的 Web 服务标准，同时也提出了面向安全的电子商务标准。

UN/CEFACT 和 OASIS 联合众多国际大型企业共同开发了基于 XML 的电子商务（ebXML）系列标准，并被 ISO/TC 154 采纳为正式的国际标准。

UBL（Universal Business Language，通用商业语言）是由 OASIS 技术委员会和参与各行业数据标准制定组织共同开发的用于商业交易的文档库。它是从中小型组织以及大型组织的角度来设计，为了直接插入到已有的商业、法律、审计和记录管理实践，以消除现有传真和基于纸张的商业信誉的数据整合，并为中小企业进入电子商务提供一个切入点。2006 年 10 月，UBL 2.0 版本被批准作为 OASIS 委员会规范，2012 年又研制了 UBL 2.1 版本，新版本完全兼容并增添了 33 个新文档。UBL 2.1 版本的文档已经覆盖了大部分物流活动的信息交换标准，解决了电子商务与物流领域各应用系统之间缺乏信息互操作性的问题，促进跨领域、跨地区的业务信息共享和交换。

2. 与物流相关的国内标准化组织

国内标准化工作由国家标准化管理委员会牵头并由数百个专业标准化技术委员会对口各个领域的标准化工作。国际标准化组织的工作在国内大多有对口单位存在，一般通过对口单位来组织国内相关单位参与国际标准化工作。

1）全国智能运输系统标准化技术委员会（简称 ITS 标委会）

对口国际标准化组织智能运输系统技术委员会（ISO/TC204），从事全国性智能运输系统领域的标准化工作。秘书处设在交通运输部公路科学研究所。

2）全国电子业务标准化技术委员会

对口国际标准化组织 ISO/TC154、UN/CEFACT、ISO/IEC JTC1/SC32/WG1，负责专业范围为电子数据交换（EDI），基于纸质的文件格式、行政、商业、运输业和工业领域业务工作电子化涉及的数据元与代码、数据结构化技术、电子文档格式（交换结构）、业务过程、数据维护与管理、消息服务、关键支撑技术等专业领域标准化工作。秘书处设在中国标准化研究院。

3）全国物流信息管理标准化技术委员会

全国物流信息管理标准化技术委员会是综合性、基础性和跨部门的标准化技术委员会，负责专业范围为物流信息基础、物流信息系统、物流信息安全、物流信息应用等。秘书处设在中国物品编码中心。

4）全国集装箱标准化技术委员会

对口国际标准化组织 ISO/TC104，负责专业范围为集装箱。秘书处设在交通运输部水运科学研究所集装箱运输技术中心。

1.2.3 标准制定程序

1. 国家标准制定程序

根据《国家标准制定程序的阶段划分及代码》（GB/T16733—1997），我国国家标准制定程序阶段划分为 9 个阶段，即预阶段、立项阶段、起草阶段、征求意见阶段、审查阶段、批准阶段、出版阶段、复审阶段、废止阶段。

（1）预阶段：是标准计划项目建议的提出阶段。（全国专业标准化技术委员会）

（2）立项阶段：国务院标准化行政主管部门对上报的国家标准新工作项目建议统一汇总、审查、协调、确认。立项阶段的时间周期一般不超过 3 个月。（国务院标准化行政主管部门）

（3）起草阶段：技术委员会落实计划，组织项目的实施，至标准起草工作组完成标准征求意见稿止。起草阶段的时间周期一般不超过 10 个月。（负责起草单位应对所订国家标准的质量及其技术内容全面负责）

（4）征求意见阶段：自起草工作组将标准征求意见稿发往有关单位征求意见起，经过收集、整理回函意见，提出征求意见汇总处理表，至完成标准送审稿止。征求意见阶段的时间周期一般不超过 2 个月，这一阶段的任务为完成标准送审稿。

（5）审查阶段：自技术委员会收到起草工作组完成的标准送审稿起，经过会审或函审，至工作组最终完成标准报批稿止。

（6）批准阶段：自国务院有关行政主管部门（或技术委员会）、国务院标准化行政主管部门收到标准报批稿起，至国务院标准化行政主管部门批准发布国家标准止。

（7）出版阶段：自国家标准出版单位收到国家标准出版社稿起，至国家标准正式出版止。出版阶段的时间周期一般不超过 3 个月，这一阶段的任务为提供标准出版物。

（8）复审阶段：复审周期一般不超过 5 年。

（9）废止阶段：已无存在必要的国家标准，由国务院标准化行政主管部门予以废止。

2．行业标准制定程序

行业标准制定程序是：立项、起草、审查、报批、批准公布、出版、复审、修订修改等工作。

（1）立项：申请人提出制定行业标准立项申请，并填写《行业标准项目任务书》报行业标准立项申请归口单位标准化技术委员会或标准化技术归口院所受理，归口单位报送的行业标准立项申请进行审核协调后报送国家发展改革委/工业和信息化部。

（2）起草：行业标准由标准技术归口单位组织起草，行业标准起草单位应按申请人立项要求组织科研、生产、用户等方面人员成立工作组共同起草。

（3）审查：行业标准送审稿由标准技术归口单位组织审查，审查形式分为会议审查和函审。

（4）报批：行业标准送审稿审查通过后，由起草单位整理成报批稿及有关附件，由标准技术归口单位报送直管行业标准化机构。

（5）批准公布：行业标准由直管行业标准化机构按规定进行编号，行业标准由国家发展改革委/工业和信息化部批准和公布。行业标准批准后，由直管行业标准化机构在 15 个工作日内到国家标准化管理委员会备案。

（6）出版：行业标准出版由直管行业标准化机构负责。行业标准出版单位必须是国家有关部门批准的正式出版机构。行业标准出版后，出版机构或直管行业标准化机构应将标准样书两份送国家发展改革委备案。

（7）复审：行业标准实施后，标准技术归口单位应根据科学技术发展和经济建设的需要定期进行复审，标准复审周期一般不超过 5 年。

（8）修订修改：行业标准执行中需要修订的，按照标准制定程序列入年度计划或补充计划。

1.3　物流公共信息平台标准的提出

1.3.1　物流公共信息平台标准化的问题与需求

我国物流公共信息平台之所以发展缓慢，一个重要的原因就是标准不统一。由于国内尚未形成一套统一的数据交换标准规范，各家物流企业和软件开发商都按照各自对物流业务流程的理解，设计不同格式和编码规则的数据元、代码、货运单据以及数据交换接口，致使各类物流公共信息平台和物流产业链上下游企业要面对多个数据标准，通过定制开发来获取所需环节的物流信息，客户端需要通过不同接口才能访问各个信息系统，相互之间信息传递效率低下，集成能力受到很大限制，数据转换的成本较高，供应链与物流管理示意图如图 1-9 所示。因此统一数据交换标准，构建物流信息交换基础网络是现实的需要，其示意图如图 1-10 所示。

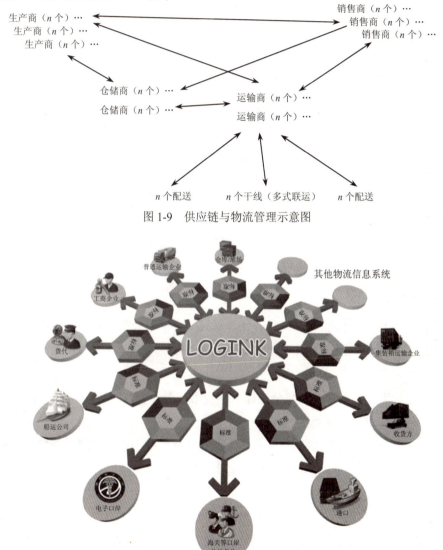

图 1-9　供应链与物流管理示意图

图 1-10　物流公共信息平台标准与信息交换平台示意图

交通运输物流公共信息平台通过构建基础交换网络，提供交换服务、集成服务和共享服务等功能，旨在促进物流产业链各环节和相关参与方之间的信息互通与资源共享。"互通"、"交换"和"共享"的首要前提和基础是信息交换标准的统一。参与平台的物流链上下游及相关方只有在建立并遵循各方一致认可的标准规范的基础上，才能保障各类应用系统的互联与衔接，实现跨区域、跨部门物流信息交换与共享，提供高质量物流信息服务。

1.3.2　物流公共信息平台标准适用范围与内容简介

1. 适用范围

物流公共信息平台的建设目的，就是为物流链上相关信息系统之间提供信息交换和共享服务，并提供进一步的增值服务和应用，这些服务均是以统一的标准为基础。物流公共信息平台标准的适用范围主要涵盖以下几个方面：

（1）首先用于指导交通运输物流公共信息平台的建设，包括数据交换中心、区域交换节点、各类应用中心以及各种物流通用软件；

（2）这些标准可以为国内类似平台的建设方与运营方提供参考；

（3）可为物流企业业务管理系统的开发提供参考和依据，对相关的货物单据、数据接口、传输方式等做出规范；

（4）对于已经开发和部署的物流企业信息系统，可根据这套标准进行接口改造，以便与物流公共信息平台进行互联与对接。

2. 内容简介

物流公共信息平台标准是为实现平台基础数据交换和公共信息服务功能，各方应统一遵循的技术标准和工程技术规范，主要包括基础标准、平台互联与交换标准、应用与服务规范三个部分。

（1）基础标准：是平台互联与交换标准和应用与服务规范的基础，主要包括元数据、数据元、代码集和电子单证标准。

（2）平台互联与交换标准：为各省市的区域交换节点、外部应用系统以及平台用户接入平台提供统一接口技术规范，是数据交换和应用平台各项服务的前提条件，主要包括统一身份认证标准、交换接入标准和信息安全管理标准。

（3）应用与服务规范：是区域交换节点与平台互联、外部应用系统以及平台用户在接入平台后使用各项功能、调用各类服务功能必须遵循的标准规范，主要包括物流资源、车货跟踪、船舶跟踪、集装箱跟踪、车辆卡等应用服务。

第2章
物流公共信息平台标准体系

内容提要

    标准体系是一定范围内具有内在联系的标准组成的有机整体，是标准制定、修订规划和计划的依据。标准体系的科学建立，是物流公共信息平台标准化的基础和重中之重，有助于统筹规划平台标准化工作，不断促进物流公共信息平台的发展与完善。

    本章介绍国内外物流信息平台标准化现状，在分析和借鉴国家及交通运输行业内的相关标准体系的基础上，以标准体系理论为依据，提出科学合理、目标明确、全面成套、层次清晰的物流公共信息平台标准体系，通过框架图和明细表的形式展现标准体系包含的具体内容。

2.1　标准体系的概念及作用

根据 GB/T 13016—2009《标准体系表编制原则和要求》，标准体系是"由一定范围内的标准按其内在联系形成的科学的有机整体。"其中，"一定范围"可以指国际、区域、国家、行业、地区、企业范围，也可以指产品、项目、技术、事务范围；"有机整体"是指标准体系是一个整体，标准体系内部各项标准之间具有内在的有机联系。标准体系有如下特征：

（1）结构性。标准体系内的标准按其内在的联系分类排列，就形成了标准体系的结构形式。标准体系的基本结构形式有层次结构和过程结构。

（2）协调性（相关性）。标准对象的内在联系决定了标准体系内各项标准的相关性。制定或修改其中任何一个标准，都必须考虑到对其他各相关标准的影响，使所有相关标准协调，相互配合，避免相互矛盾。

（3）整体性。按标准对象的内在联系形成的标准整体并非是个体标准的简单相加。对一个孤立的标准，人们往往关注该标准提出的具体要求是否合理。当把该标准置于标准体系之中后，人们才能看出，要实现该标准规定的要求，需要其他一系列标准相配合，如果标准体系不完备，该标准所规定的要求最终将难以保证实现。

（4）目的性。任何标准体系都有其明确的目的。一个产品标准体系是为保证产品质量服务的，一个项目标准体系是为保证项目成功服务的，一个企业标准体系是为保证企业生产经营活动正常进行服务的。标准体系的目的性决定了标准体系内各项标准应具备的内容和应达到的水平，从而能以较少的投入获得较理想的效应。

标准体系的表现形式多为标准体系表，标准体系表的基本组成单元是标准，是用图表的形式，把必需的现行标准、正在制定中的标准和预测应制定的标准按其性质、类别和标准间的隶属配套关系，逐项、分门别类地安排在图表的确定位置上。

标准体系的作用主要体现在以下四个方面：

（1）直观展现一定范围内标准化活动的发展蓝图、利于标准工作宏观管理；

（2）系统反映全局，有利于明确标准化工作重点、发展方向；

（3）为标准制定、修订规则和计划提供依据，避免重复工作、无用工作；

（4）加快标准化工作速度，提高标准化工作效率。

2.2　国内外物流信息平台标准化现状

目前，国际上虽未专门就物流信息平台的发展制定系统、统一的标准，但为促进不同主体间的数据交换与资源共享，不少国际组织，如 UN/ECE、ISO、IATA、EDIFACT

就电子数据交换和代码出台了相关国际标准。各国在研究和实践的基础上，一方面积极采用国际标准，另一方面也根据信息平台的实际需求制定了适应自身发展的相关标准。由此，美国、韩国、日本等国较为成熟的物流信息平台的标准化工作取得了一定进展。我国在借鉴国际标准和国外信息平台标准化工作的基础上，积极开展相关标准化研究。

2.2.1　国外物流信息平台标准化现状

1. 美国 EFM 平台

2004 年，美国交通运输部基于多年的"无纸化货运"理论与实践，开展了"电子货运管理计划"（Electronic Freight Management Initiatives，EFM）项目。该项目拟构建一个基于 Web 技术的、结构开放的平台，规范数据、信息语法、IT 架构，以标准为"通用语言"进行信息沟通，加强政府与企业的合作，从而提高整条供应链的作业效率，并增强货物运输的安全性。EFM 标准化工作的特点主要有：

（1）EFM 平台最大限度地选择通用的、公开的标准。这些标准既包括业务上的标准，也包括技术上的标准。业务上的标准主要有：结构化信息标准促进组织（OASIS）、通用商业语言（UBL）、世界海关组织（WCO）、联合国贸易便利化和电子商务中心（UN / CEFACT）；技术上的标准主要有：基于 Web 服务的简单对象访问协议（SOAP）、Web 服务安全标准（WS-Security）等。

（2）利用 SOA 作为 EFM 平台的重要技术支撑。EFM 平台与其他大多数运输管理系统不同，其采用的 SOA 技术，提供了一个灵活的、松散耦合的、可重复使用的应用环境，从而可最大限度地利用 Web 服务。平台提供统一接口，并允许每个供应链的合作伙伴通过使用可扩展标记语言（XML）数据标准、面向服务的架构（SOA）和开放源码软件产品，通过 Web 服务与其他供应链合作伙伴进行数据交换。平台采用安全的加密和数字证书，以确保合作伙伴之间交换的任何信息都是授权和安全的，这些信息不会在数据传输中被损坏，并确保数据传输的完整性。

（3）通过 Web 技术的应用，提高整个供应链的运输透明度，减少所需数据的重复录入，简化与政府的接口机构，提供充分的数据信息确保供应链更为安全。

2. 韩国 SP-IDC 平台及韩国物流信息标准化工程

1）SP-IDC 平台

韩国国土海洋部建设的船舶与港口信息数据中心（Shipping &Port-Internet Data Center，SP-IDC），可将分散的物流信息集中到一处，相关方通过互联网即可获取信息并处理港口的诸项事宜，从而降低物流成本。从世界任何角落都可通过互联网对中心进行访问，同时中心也支持信息共享的合作过程。

2）韩国物流信息标准化工程

通过加强物流信息标准化工作，促进韩国物流信息平台发展，也成为韩国业界的共识，物流信息标准化工程（Logistics Information Standardization Project）即基于此而开展。该工程由韩国国土海洋部运输系统创新项目（Transportation System Innovation Program funded by Ministry of Land，Transport and Maritime Affairs）支持进行。研究期限为 2007 年 12 月—2012 年 7 月。参与的各方包括政府（韩国国土海洋部）、学术机构（韩国交通运输研究院 KOTI、韩国铁路研究院 KRRI、韩国东亚大学 East Asia University）、企业（凯尔易通公司 KL-Net、韩国贸易网 KTNET）、咨询机构（韩国电子商务研究院 KIEC）等。韩国政府拟通过该工程，制定标准化的编码，为货物跟踪定义标准数据，提出国内外标准计划来支撑韩国适应全球物流发展。就数据模型定义，其主要参考规范包括：KEC XML Document Guideline v3.5、UN/CEFACT CCTS V.2.0.1、UN/CEFACT NDR V.1.0、UN/CEFACT UMM、UN/CEFACT BRS、RSM 和 UN/CEFACT（KIEC）CCL08A。

3. 日本 COLINS 平台

日本集装箱物流信息服务平台（Container Logistics Information Service，COLINS）基于网络信息服务，为终端经营者、货主、租船经纪人、承运人等提供整合和共享的物流信息，提供进口集装箱放行、集装箱状态（进出闸口、装卸船）、船期、码头周边道路运输视频、闸口状态等信息服务。

目前，该平台已在东京（Tokyo）、川崎（Kawasaki）和横滨（Yokohama）三个港口运行实施。该平台由日本国土交通省港湾局（Ports and Harbors Bureau，MLIT）负责运营，作为"集装箱物流全面和深入改革方案（2009—2011 财务年度）"的一部分。该平台拟于 2012 财务年度建立起可持续的商业模式，从而将此业务由政府转移给其他合适的申请人。

通过对国际物流信息平台发展历程的整体回顾，对美国 EFM 平台、韩国 SP-IDC 平台与物流信息标准化工程、日本 COLINS 平台的介绍，结合我国发展实践，就物流信息平台标准体系建设，可得如下四点启示：

（1）由于物流信息平台具备较为明显的外部性特征，政府在平台建设初期需要发挥主导作用。这种主导作用一方面体现在资金投入上，如美国 EFM 项目由专项资金支持，香港 DTTN 由政府部分持股；另一方面，政府以法律或规范等形式明确相关保障措施也十分重要，如美国 EFM 项目建设资金的投入即主要由三个连续性的法案给予支持，香港 DTTN 平台由相关协议和规定划分了政府与企业的责任与行事范围。

（2）物流信息平台的标准化建设工作伴随项目推进、技术积累、业务更新，会经历较长的一段时间。标准体系的建立和完善需要依托项目的积累。如韩国的 SP-IDC 平台，于 2003 年进行了基础性框架构建，但直至 2008 年才进入项目的基本成熟期。

（3）物流信息平台的标准选用，应着重于开放性标准，尤其是要与国际标准接轨。

（4）物流信息平台标准体系构建与完善，需要重视数据的统一和接口的对接。在数据的统一方面，力求全国性的统一，尽管这一点在各个国家的推行都遇到了困难。在接口方面，一方面强调平台的中心作用，以期使其具备可扩展的功能；另一方面，对业务功能的定位，各个平台有预先的谋划与想法。如韩国的物流信息标准化工程，着力解决韩国国内数据的统一性问题；美国的 EFM 强调不同类型业务主体的接口对接。

2.2.2　国内物流信息平台标准化介绍

1. 国内物流信息平台标准研究与制定情况

目前，我国物流信息平台的发展虽与发达国家存在一定差距，但也积累了一些宝贵的研究成果和实践经验。伴随现代物流的发展，我国物流信息化方面的标准也不断完善，物流信息平台建设范畴的通用标准、工作标准和管理标准已经开始制定。目前，国家标准化管理委员会已发布的与平台相关的国家标准包括：《物流公共信息平台应用开发指南　第 1 部分：基础术语》、《物流公共信息平台应用开发指南　第 2 部分：体系架构》、《物流公共信息平台应用开发指南　第 7 部分：平台服务管理》、《物流公共信息平台应用开发指南　第 8 部分：软件开发管理》。

除国家出台的物流信息平台建设标准外，各地各系统也研制了自身建设标准。如浙江物流公共信息平台制定了一系列包括平台系统规范、平台数据规范、业务系统应用规范、应用中心应用规范等标准规范。

当前，我国物流信息平台建设方面现行的相关标准规范如表 2-1 和表 2-2 所示。

表 2-1　物流信息平台相关标准

序号	标准名称	国标号/行标号
1	运输指示报文 XML 格式	GB/T 19947—2005
2	运输计划及实施信息报文 XML 格式	GB/T 19948—2005
3	包装——用于发货、运输和收货标签的一维条码和二维条码	GB/T19946—2005 /ISO 15394:2000
4	运输设备堆存报告报文 XML 格式	GB/T 20525—2006
5	运输设备进/出场站报告报文 XML 格式	GB/T 20526—2006
6	基于 XML 的运输工具到达通知报文	GB/T 20534—2006
7	基于 XML 的运输工具驶离通知报文	GB/T 20535—2006
8	基于 XML 的托运通知报文	GB/T 20536—2006
9	基于 XML 的海运提单报文	GB/T 20537—2006
10	基于 XML 的货物装卸与搬移报文	JT/T 656—2006
11	物流管理信息系统应用开发指南	GB/T 23830—2009
12	物流信息分类	GB/T 23831—2009
13	道路货物运输评价指标	GB/T 20923—2007
14	道路货物运输服务质量评定	GB/T 20924—2007
15	物流公共信息平台应用开发指南　第 1 部分：基础术语	GB/T 22263.1—2008

续表

序号	标准名称	国标号/行标号
16	物流公共信息平台应用开发指南　第2部分：体系架构	GB/T 22263.2—2008
17	物流公共信息平台应用开发指南　第7部分：平台服务管理	GB/T 22263.7—2010
18	物流公共信息平台应用开发指南　第8部分：软件开发管理	GB/T 22263.8—2010
19	道路、水路货物运输地理信息基础数据元	GB/T 26767—2011
20	道路、水路货物运输基础数据元	GB/T 26768—2011
21	运输与仓储数据交换应用规范	GB/T 26772—2011

表2-2　电子数据交换报文标准-UN/EDIFACT

序号	标准名称	国标号/行标号
1	集装箱设备交接单	GB/T 16561—1996
2	船图积载图报文	GB/T 17184—1997
3	集装箱运输电子数据交换　进/出门报告报文	GB/T 22430—2008
4	集装箱运输电子数据交换　船舶离港报文	GB/T 22431—2008
5	集装箱运输电子数据交换　挂靠信息报文	GB/T 22432—2008
6	集装箱运输电子数据交换　堆存报告报文	GB/T 22433—2008
7	集装箱运输电子数据交换　运输计划及实施信息报文	GB/T 22434—2008
8	货运和集拼汇总报文　第1部分：联合国标准货运和集拼汇总报文	GB/T 17784.1—1999
9	货运和集拼汇总报文　第2部分：货运和集拼汇总报文子集——货物/运费舱单报文	GB/T 17784.2—1999
10	实际订舱报文　第1部分：联合国标准实际订舱报文	GB/T 18016.1—1999
11	实际订舱报文　第2部分：实际订舱报文子集　订舱报文	GB/T 18016.2—1999
12	订舱确认报文　第1部分：联合国订舱确认报文	GB/T 18017.1—1999
13	订舱确认报文　第2部分：订舱确认报文子集　订舱确认报文	GB/T 18017.2—1999

2. 国内物流信息平台标准化评价

纵观国内物流公共信息平台标准化工作，其主要特征可总结为如下五点：

（1）尽管就数据格式、数据管理、数据安全等出台了相关国标和行标，但全国范围内尚未出台统一的标准体系。由于连接到平台的各个部门系统构建的软硬件平台都不统一，容易造成系统之间不能实行信息交换，系统运作不畅的问题。异构系统和异构格式之间的数据交换和信息共享的问题成为首要问题。其次，就数据管理问题，由于公共物流信息平台汇集了大量的来自不同部门信息系统的信息，数据量大、数据类型多样化，因此如何进行合理、有效的数据管理显得尤为重要。最后，电子物流业务交易中最重要的是数据安全问题，包括身份认证及网上支付的安全等。平台要有合理的身份审核制度及可靠安全的防火墙，保障网上交易的安全性，防止交易资料和关键数据丢失及受黑客攻击。

（2）缺乏统一的通信协议、接口规范，造成信息互通、共享困难。物流信息平台关键是发挥信息中转功能，集中采集各种动态和静态物流信息，发布物流信息，因此接口问题显得尤为重要，与其他系统建立良好的接口是保障平台能够顺利运行的基本条件。

（3）对平台信息辅助功能的业务描述尚不清晰。物流信息平台应该起到规范物流市场活动作用和物流运行控制作用。平台内部集中从各个子系统采集到的大量的、可用的信息，但是平台并不仅仅只是单纯的信息集成，应该充分发挥平台强大的信息功能，深层次挖掘隐藏的、潜在的、有价值的信息，为宏观物流行业管理和决策服务。

（4）服务标准总体水平不高。在现有标准中，服务标准数量明显少于技术标准和基础标准，重点领域服务标准缺乏。无论从数量上还是质量上，现有的服务标准都无法满足社会的需求。

（5）标准体系缺乏。由于缺乏标准体系的指导，标准的制定存在关系失调、制定顺序不合理等问题，影响标准化的推进，并给平台建设带来一定风险。

2.3　相关标准体系介绍与分析

目前国家已经制定了物流信息标准体系，交通运输行业作为现代物流业发展的基础支撑和重要依托，也非常重视和积极推进物流标准化工作，研究和制定了交通运输信息化标准体系、交通运输物流标准体系。这些标准体系为物流公共信息平台标准体系的构建提供了良好基础和有价值的参考。物流公共信息平台标准体系应是在国家及交通运输行业相关物流及信息化标准体系框架下的具体细化与深化。

2.3.1　相关标准体系介绍

1．物流信息标准体系

物流信息标准体系框架确立了物流信息方面的国家标准体系，给出了物流信息国家标准体系框架、国家标准明细表及国家标准体系表说明，适用于我国物流信息国家标准体系的建立和国家标准、计划的编制和修订。物流信息标准体系框架如图 2-1 所示。

2．交通运输信息化标准体系

交通运输信息化标准体系是确保交通运输行业信息化建设规范有序发展，支持信息资源共享和交换，提升信息化服务效能的基础保障手段。如图 2-2 所示，该标准体系采用了交通运输行业的专业领域（对象）、信息化内容（内容）和标准种类（类别）的三维结构，在每一维结构中又增加小门类，延伸了结构的空间，大大地扩展了标准的涵盖容量，为标准体系的未来发展准备了广阔的空间，结构上体现了框架的先进性和科学性。

三个属性维都是相对独立的，它们之间相互结合而构成的立体区域就是交通运输信息化标准体系的内容范围，(x, y, z) 坐标决定一个点，这个点在标准体系中一般是一个子体系，至于这个子体系有多大，这是由交通运输信息化的复杂程度和框架的分解深度（x、y、z 的精确度）共同决定的。

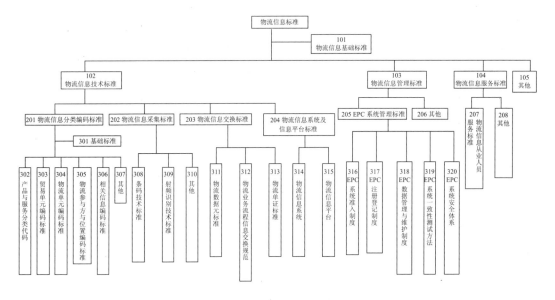

图 2-1　物流信息标准体系框架

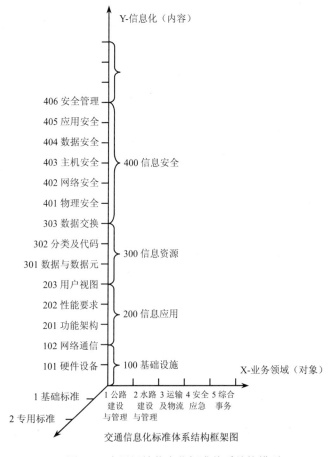

图 2-2　交通运输信息化标准体系结构模型

第一层（x 维度）分类：从交通运输行业的专业领域划分，具体包括公路建设与管理、水路建设与管理、运输及物流、安全应急、综合事务五个分类，如图 2-3 所示。

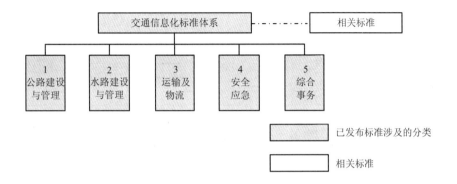

图 2-3　交通运输信息化标准体系结构第一层框架图

第二层（y 维度）分类：从标准定义的信息化内容划分，信息化内容包括基础设施、信息应用、信息资源、信息安全和信息工程五个分类。进一步精细该维度，可将基础设施分为硬件设备、网络通信两个子分类；信息应用分为功能架构、性能要求、用户视图三个子分类；信息资源分为数据与数据元、分类及代码、数据交换三个子分类；信息安全分为物理安全、网络安全、主机安全、数据安全、应用安全、安全管理六个子分类；信息工程分为工程设计、工程实施、工程管理三个子分类。

第三层（z 维度）分类：从标准层次定义，由基础标准和专用标准组成，反映了标准的适用范围。

3. 交通运输行业物流标准体系

交通运输是现代物流活动的主体，也是物流链的核心环节，要充分发挥其积极作用离不开标准化的支撑。本标准的制定旨在为我国交通运输行业一系列相关物流标准提供科学的依据和计划。体系总体框架如图 2-4 所示。

本标准体系分三个层次：第一个层次是交通运输行业物流通用类标准，又分为通用基础标准和通用信息化标准；第二个层次是以道路运输、水路运输和多式联运划分的公共类运输标准，在每种运输类别内又分为基础标准、设施设备标准、作业规范标准、服务与管理标准、信息化标准等五个分类；第三个层次是专业类的道路运输标准、水路运输标准与多式联运标准，按运输对象的需求特点分为危险品运输、冷链运输、大件运输、快递运输等。

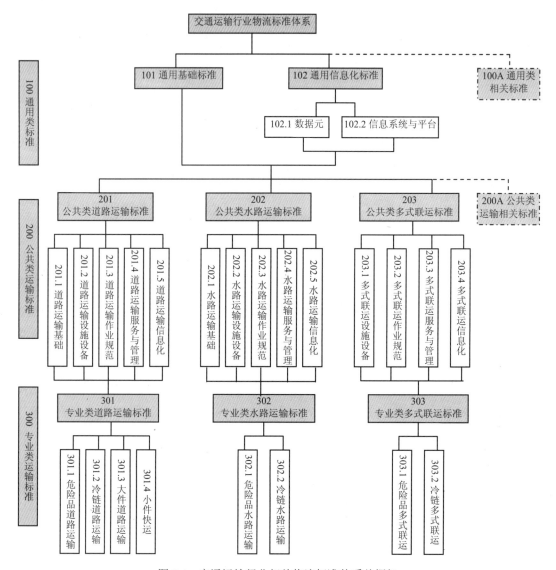

图 2-4　交通运输行业相关物流标准体系总框架

2.3.2　相关标准体系分析

1. 物流公共信息平台标准体系与相关标准体系的对比

标准体系的构建应紧密结合标准化对象的特点。随着我国经济社会的发展，标准化领域越来越广，标准化对象也越来越复杂，标准体系的类型越来越多样，既有覆盖全行业、标准对象类型较多的"大领域"的标准体系，如物流信息标准体系是涵盖物流信息化领域的所有标准，交通运输信息化标准体系涵盖的是整个交通运输行业信息化领域的标准，交通运输物流标准体系涵盖交通运输行业中与物流相关的标准；同时也有针对某具体产品、服务或系统的"小范围"的标准体系，如物流公共信息平台的标准体系。

物流公共信息平台标准体系与相关的标准体系的对比分析如表 2-3 所示。

表 2-3　物流公共信息平台标准体系与相关标准体系的对比分析

名　称	针对的对象	要求和目的	涵盖的范围
物流公共信息平台标准体系	平台业务系统	指导和支撑平台开发、建设、运营和管理	小
交通运输信息化标准体系	交通运输信息化	指导和支撑行业信息化	大
交通运输行业相关物流标准体系	交通运输和物流	指导和支撑交通运输发展现代物流	大
物流信息标准体系	物流信息化	指导和支撑物流信息化	大

2．物流公共信息平台标准体系与相关标准体系的关系

1）与物流信息标准体系的关系

信息化是发展现代物流的重要手段。物流公共信息平台是物流信息化建设的重要内容，运用各种信息技术通过系统互联、数据交换和信息资源共享，保证物流资源在更大范围内和更深层次上实现优化配置，为平台各类用户和互联方提供相关应用和综合增值服务，提升我国物流效率，提高物流服务能力和水平。因此，物流公共信息平台标准体系是物流信息标准体系的一个子集，是在物流信息标准体系大框架下的具体细化和深化。物流信息标准体系从基础、技术、管理、服务等划分，物流公共信息平台标准体系也应该包含基础、技术、管理和服务类标准。

2）与交通运输行业相关标准体系的关系

交通运输在推进物流业发展中具有基础和主体作用，物流公共信息平台建设是整合物流资源、提高运输效率的重要抓手，是实现行业转型升级、发展现代交通运输业的切入点。近年来，许多省级交通运输主管部门都对行业物流公共信息平台建设进行积极探索，迫切要求加快国家级行业物流公共信息平台，统一平台间信息交换标准，实现跨部门、跨行业、跨区域、跨国界的物流信息顺畅交换。因此，物流公共信息平台标准体系与交通运输信息化标准体系和交通运输物流标准体系存在着密切的关联关系。

（1）交通运输信息化标准体系首先从交通运输行业的专业领域划分，具体包括公路建设与管理、水路建设与管理、运输及物流、安全应急、综合事务五个分类。物流信息平台标准体系中与运输相关的基础标准、技术标准和服务标准等也是交通运输信息化标准体系中运输及物流这一大类的组成部分。

（2）交通运输物流标准体系按标准的适用范围即通用、公共和专业类进行划分，通用类中包括基础标准和信息化标准，公共类和专业类从运输方式不同分为道路运输、水路运输和多式联运。在通用类信息化标准中明确划分了数据元和信息系统、平台两个小类。物流公共信息平台标准体系中与运输的各类标准都可以归类到通用类信息化标准中。

3．相关标准体系的借鉴

1）标准体系构建方面

物流信息标准体系从基础、技术、管理、服务等层面划分，通用性强；交通运输信息化标准体系强调和突出的是交通运输行业的专业领域；交通运输物流标准体系既包含了通用类标准，也包含与业务领域密切相关的公共类和专业类标准，通用性和业务专业性并重。物流公共信息平台标准体系是支撑和保障平台的建设、开发、运营、管理的基础和关键，针对性强，适用范围明确，对象比较单一，因此可以考虑基础、技术、管理和服务的分类准则，再结合平台本身的特有架构，建立既能与相关标准体系有效衔接又体现平台特色的标准体系。

2）标准来源方面

物流公共信息平台是信息技术、交通运输、物流三个领域的综合应用，物流公共信息平台标准体系所覆盖的标准，是支撑和保障平台的建设、开发、运营、管理所需要的标准。故平台的标准应包含在以上三个领域的标准范围内。具体而言，平台标准体系所含标准主要来源于以下两个方面：

（1）直接参考和引用现有的国家标准、行业标准。平台所需且能直接、完全为平台所用的标准，纳入平台标准体系。

（2）根据平台实际需求制定标准。"公共平台"虽是信息技术、交通运输、物流三个领域的综合应用，但在标准方面，各领域均有各自的标准，定位和适用范围不同，难以支撑在综合性强的物流公共信息平台的应用。鉴于此，需要重新制定部分平台所需标准。

2.4　物流公共信息平台标准体系架构

2.4.1　架构概述

1．基本原则

物流公共信息平台的建设目的，就是为物流链上相关信息系统之间提供信息交换和共享服务，并提供进一步的增值服务和应用，这些服务和应用的实现，需不同类型的标准为基础。因此，物流公共信息平台标准体系的建设，在技术上，一是指导平台各信息系统包括各类应用中心的建设；二是为相关物流企业业务管理系统的开发与改造提供统一准则，保障其与平台的成功接入。在业务上，一是指导各类应用服务功能的实现，如车货跟踪功能、统计监管功能；二是为保障平台的正常运营，如对平台标准的管理及平台日常管理等方面。其基本原则如下：

1）目标明确

建立交通运输物流公共信息平台标准体系，旨在通过有计划、有步骤、有目的地开展"公共平台"发展相关标准的制定、修订工作，进一步促进、完善"公共平台"建设，最终为提升交通运输物流信息的共享与交换水平、行业宏观决策管理水平提供支持。同时，本标准体系的建设，也在一定程度上指导和推进我国物流信息标准化工作，使我国物流信息标准组成更加科学、合理。

2）全面成套

围绕标准体系的编制目标，在全面研究我国交通运输物流相关信息平台建设现状、面临形势及相关标准化现状的基础上，充分研究"公共平台"的功能要求，并结合试点应用的情况，制定出系统完整、协调合理、全面成套的标准体系。同时，根据交通物流发展的趋势和平台管理发展工作的需要，提出预计制定的标准。

3）层次适当

列入标准明细表的每一项标准都应安排在恰当的层次上。在"公共平台"中，依标准所属性质的共性特征提取出来作为标准体系的第一层次，依次展开形成子体系。基础通用的共性标准应尽量安排在较高层次上，以扩大其应用范围，避免小范围内各自制定，有利于一定范围内的统一；层次的划分应尽量避免某些共性标准在体系中重复出现，同一标准在体系中所处的位置应具有唯一性，以免重复制定、修订；体系组成尽量合理简化。

4）划分清楚

按照 GB/T 13016—2009《标准体系表编制原则和要求》的要求，标准体系表内的子体系或类别的划分，主要应按行业、专业或门类等标准化活动性质的同一性，而不宜按行政机构的管辖范围而划分。各层次子项之间划分界限清晰，避免内容交叉含义模糊，同时层次所有子项应涵盖该层次的所有内容，应做到不缺不漏，不重复、不交叉。

2．标准体系架构

为了更好地支撑物流公共信息平台功能的拓展，同时与相关标准体系（如交通运输信息化、交通运输物流）进行有效衔接，物流公共信息平台标准体系采用"三横两纵"的架构，"三横"包括基础标准、平台互联与交换标准、应用服务规范，"两纵"包括平台标准升级维护管理规范和平台标准符合性测试规范。"三横两纵"的架构涵盖了基础、技术、管理和服务各个方面。平台标准体系模型图如图 2-5 所示。

2.4.2　基础标准

物流供应链上各参与方不能实现信息交换与共享的重要原因之一就是各方缺乏对信息和数据的统一描述，即数据元、代码等基础标准不统一。基础标准的不统一，致使物流链上各信息系统之间不能有效衔接，参与方只能通过定制开发来获取所需环节的物流信息，既降低了物流效率又增加了物流成本。平台"交换是核心、应用是关键"，信息交换是平台的核心功能，基于信息交换，对信息进行整合提供的各类增值应用是平台发展的重要动力。因此，对平台而言，统一平台的基础标准，是平台建设的重要基石，是平台实现信息调用，提供一体化、高效的物流信息服务应用的前提。此外，平台的建设规范是平台开发建设的重要依据，是平台发挥各项功能的前提条件，建设规范对平台而言，也是重要的基础标准。

基础标准包括数据元、代码、电子单证与元数据。

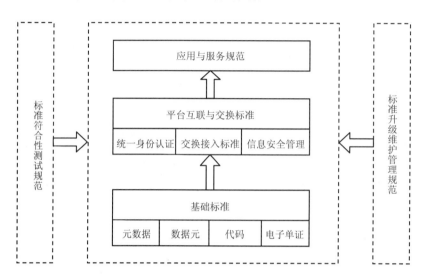

图 2-5　交通运输物流公共信息平台标准体系模型图

1. 数据元

数据元是用一组属性描述其定义、标识、表示和允许值的数据单元。在特定的语义环境中被认为是不可再分的数据最小单位。在单证、数据库与信息交换电子报文中的基本数据单元就是数据元，所以数据元是组成单证、数据字典与电子报文的基本单元，规范单证与电子报文首先要规范数据元。信息技术在物流领域的推广应用产生了各种规模不一、功能不一的物流管理信息系统、物流信息平台等。由于缺乏对物流系统的统一描述，导致各个异构系统之间的信息孤立，不能共享数据，因而迫切需要建立规范的数据元目录。

物流公共信息平台涉及多个应用系统、区域性节点及外部多个相关信息系统相连，为实现信息资源互联互通，不同系统的互操作，促进跨部门、跨地区的信息交换和信息共享，首先需要统一与规范数据元的描述和表示方法，以利于对共享和交换的数据进行无歧义的理解和处理，为物流信息平台上不同用户之间的数据交换及与外部系统的数据交换在"数据"这一层上提供统一的、各部门、各单位可以共同遵守的数据交换规范，推动信息资源的集成与整合。数据元标准主要参考国际国内相关数据元标准结合物流行业、物流信息服务提供商实际应用情况制定。

2. 代码

在物流公共信息平台中应用的数据元，其表示形式分成代码型和叙述性两大类，其中相当一部分的数据元是采用代码型的，数据元的代码值才是实际传输和表达的内容。为了确保信息交换双方在使用代码类型业务数据元进行信息交换的过程中语义明确、清晰、一致，同时能够与国际相关标准进行转换。统一与规范代码可以极大地减少人工录入数据的工作量，减少计算机处理的差错，减少电子数据交换报文的传输量，节省通信费用，大大地降低平台运作的系统开销与成本。因此编制代码标准是平台数据标准化的重要基础工作。

代码标准的制定以数据元的值域范围作为研究范围，以国际 UN/CEFACT 的 EDITFACT、ISO 相关标准以及相关国家标准为指导，结合道路运输、内河航运、海运、仓储、航空运输等行业的需求，以及物流信息服务提供商的实际应用情况制定。

3. 电子单证

纸质单证电子化是现代物流发展的必然趋势。目前在交通运输物流领域，单证的种类繁多，格式和内容都不统一，物流供应链上的信息系统和信息平台之间无法进行有效的电子单证传输，制约了供应链上下游企业之间的数据交换和业务协作。因此，统一电子单证标准是现实的需要。

物流公共信息平台涉及多种物流运输业务，如国际集装箱运输、普通运输、仓储等，涉及的单证有托运单、出（入）库单等。围绕着物流公共信息平台应用的需求，开发和制定物流企业间业务协作过程中交换的主要电子单证的报文结构和 XML 定义。主要单证标准的制定使企业在运输、仓储、装卸、代理、配送等物流环节按照标准进行数据交换和共享，从而实现完整的供应链信息化管理。

4. 元数据

物流公共信息平台在面对与区域交换节点互联和服务功能调用中，为了整合信息资源并提供有效检索和处理，需要对信息资源和服务功能进行管理，因而必须有相应的元数据标准对各种形态的数字化信息单元和资源集合提供规范、普遍的描述方法和检索工具。

元数据标准的主要内容包括信息资源的分类、描述信息资源的元素及其基本属性、信息资源存储的位置、访问的时间记录以及获取信息资源的方式等。

2.4.3　平台互联与交换标准

物流公共信息平台建设是一个系统工程，由政府、行业协会、研究机构、物流链上相关企业、软件开发商、增值服务提供商等共同参与建设，同时平台向各需求方提供一个开放的数据交换与应用平台，即平台通过"多方共建"实现"多方共享"。共建的多方要能成功接入平台，共享的多方要能实现数据交换与服务交换，需以统一的交换和接入标准为前提。

物流公共信息平台的核心功能为数据交换和服务交换。数据交换是通过数据交换平台来实现的，以解决企业、政府机构在不同信息库间信息数据无法自由转换的问题。服务交换是在一个分布式的、开放的环境中，通过信息服务的索引与指向，架设一座连接广大异构服务提供方与服务需求方之间的桥梁，为服务需求方提供信息海洋中可用的服务资源信息。服务交换的本质是将异构的物流服务标准化，通过服务路由功能，为用户提供一站式接入服务。

平台互联与交换标准主要包括统一身份认证标准、交换接入标准和信息安全管理规范三部分。

1. 统一身份认证标准

物流公共信息平台不仅要与区域交换节点互联，还要与外部应用系统、各类平台用户等进行对接，需要制定统一身份认证标准以有效管理不同方式的接入以及不同权限、不同类型的用户。

统一身份认证标准主要规定区域交换节点、外部应用系统和平台用户的身份认证或访问控制要求、认证流程、代码分配方法、密钥应用、数字签名等，确保安全高效接入和互联，以及业务操作过程中的防止身份篡改、防止抵赖和防止任何人访问超越其权限以外的数据。

2. 交换接入标准

信息交换是物流公共信息平台的基本功能，可以通过数据交换和服务功能调用两种技术方式实现。针对两种交换方式，重点研究和制定数据交换接口标准和服务功能调用接口标准。

1）数据交换接口标准

数据交换是通过数据交换中心来实现物流公共信息平台与区域交换节点之间、外部应用系统和平台用户与平台之间电子单证或数据包的传输。数据交换接口标准描述分布式或异构应用系统通过数据交换中心进行信息交换的接口技术标准，包括数据交换的类别、数据类型定义、数据包格式等。

2）服务功能调用接口标准

服务功能调用是在分布式的开放环境中，通过信息服务的索引与指向（参照元数据标准），建立服务提供方与服务需求方之间的连接，为服务需求方提供可用的服务资源信息。服务功能调用接口标准规范了服务功能调用过程，服务功能调用组件的基本形式、分类以及服务功能调用的实现。

3．信息安全管理规范

物流公共信息平台涉及部省间、平台内外等众多平台和应用系统的数据交换、共享和信息服务，数据来源广泛、数据量大。信息安全管理是充分利用先进信息安全技术和有效信息安全管理手段保护平台上的各种业务数据的隐私，保证数据的可用性、完整性和保密性，同时防止系统瘫痪、漏洞攻击等信息安全隐患，保障平台参与方的利益不受损害。

根据物流公共信息平台信息安全管理的需要，按照国家及行业信息安全管理要求，参照国家及行业信息安全相关标准，编制平台信息安全管理规范，包括系统安全、数据安全、用户隐私等。

2.4.4　应用和服务规范

信息服务是物流公共信息平台主要功能之一。物流公共信息平台可通过建立多个公共应用中心，如货物跟踪中心、信用中心、运输交易中心，提供区域或行业的基本信息服务和货物跟踪、信用查询、网上运输交易、行业监管等增值服务。实现应用服务的前提是信息服务的调用，而这需要借助各种接口与服务函数，如支撑信用中心的信用中心接口和信用信息服务函数。统计和评价是平台的增值服务之一，虽然已有相应接口和服务函数，但对这些服务的具体应用，如按照哪些评价指标对哪些对象进行评价，按哪种频率统计哪些数据等方面尚未有明确的标准予以指导。此外，各类先进技术在平台的应用是平台发展的必然趋势，如 RFID 技术的应用，因此，也有必要制定相应的标准。应用和服务规范是企业用户接入平台后参与数据交换，使用平台各项具体服务和应用的基础和依据，按具体应用功能分为物流业务类、交易类与其他三类标准。

1．物流业务类标准

该标准主要包括物流园区管理、货物跟踪等方面的数据交换标准以及车辆识别卡信息、车辆跟踪信息和仓储信息等方面的应用和服务规范。

2．交易类标准

该标准主要包括信用、物流资源中心等方面的应用和服务规范。

3．其他标准

该标准主要包括物流指数信息服务、流量流向统计、吞吐量统计及行业监测等方面的应用与服务规范。

2.4.5　标准升级维护管理规范

标准升级维护与管理是基于标准应用需求、应用对象、应用范围变化以及技术更新等对标准常态化的修订、完善、更新与升级。

在广泛分析 ISO/IEC、UN/EDIFACT、WCO 等国际标准的维护模式，以及我国国家标准管理办法的基础上，制定平台标准的升级维护管理标准。

根据标准升级维护与管理的需要，开发和建设标准升级维护管理系统，实现平台标准的审核、发布、管理和维护过程的信息化和规范化，提高标准管理工作效率，同时提供平台标准浏览、查询、下载等功能；编制相应规范，包括标准升级维护流程、管理规定和要求、升级维护管理系统的使用指南等。

2.4.6　标准符合性测试规范

物流公共信息平台具有开放性、公平性、公共性的特点，为保障各类区域交换节点、各类应用系统顺利与平台互联，需要对接入的平台、应用系统和软件进行符合性测试，检验其是否符合物流公共信息平台标准规范的要求，并为用户提供具体改进意见和措施，实现按照统一标准进行数据交换与服务功能调用。

标准符合性测试规范主要规定需接入物流公共信息平台的软件产品和信息系统应满足的标准符合度指标，同时还规定了符合性测试方法、测试流程、测试内容、测试用例、测试结果判定准则等。同时开发标准符合性测试系统，为检测、分析接入平台的软件产品和各类应用系统是否符合平台标准所规定的内容和相符合的程度，从而为用户的改进提出解决方案。

2.5　物流公共信息平台标准体系要素说明

按照 GB/T 13016—2009 的要求，标准体系明细表是一定范围的标准体系的标准按其内在联系排列起来的图表。标准体系明细表包括现有的、正在制定的和应着手制定的各类标准。物流公共信息平台标准的制定既需结合交通物流信息化发展趋势，又应充分考虑平台的标准化需求。根据调研中物流公共信息平台建设与管理各方提出的标准化问题及标准化需求，结合物流公共信息平台标准建设现状及发展趋势，整理提炼出目前物流公共信息平台亟待制定的相关标准。需制定的及现有的相关标准按照图 2-6 所示的标准体系框架分类归纳，形成标准体系明细表。物流公共信息平台标准体系明细表要素集群如表 2-4 所示。

表 2-4　物流公共信息平台标准体系要素集群说明

分类代码	标准名称	标准要素集群
100		基础标准
101	数据元	数据元是用一组属性描述其定义、标识、表示和允许值的数据，主要包括《交通运输物流信息交换　第 1 部分：数据元》，参考国际国内相关数据元标准结合物流行业、物流信息服务提供商等的实际应用情况制定
102	代码	描述数据元值域范围的集合。主要包括《"公共平台"代码集》，结合道路运输、内河航运、海运、仓储等业务需求，以及物流信息服务提供商的实际应用情况制定
103	电子单证	围绕着物流公共信息平台应用的需求，开发和制定物流企业间业务协作过程中交换的主要电子单证的报文结构和 XML 定义。主要包括"公共平台"的道路运输、物流场站、仓储以及海运方面的电子单证
104	元数据	为了整合信息资源并提供有效检索和处理元数据标准主要包括信息资源的分类、描述信息资源的元素及其基本属性、信息资源存储的位置、访问的时间记录以及获取信息资源的方式等
100A	相关标准	与平台基础相关的国际、国家及行业已发布的标准。主要包括数据元、代码、电子单证与元数据方面的标准
200		平台互联与交换标准
201	统一身份认证	统一身份认证标准主要规定区域交换节点、外部应用系统和平台用户的身份认证或访问控制要求、认证流程、代码分配方法、密钥应用、数字签名等，确保安全高效接入和互联，以及业务操作过程中的防止身份篡改、防止抵赖和防止任何人访问超越其权限以外的数据
202	交换接入规范	"公共平台"通过数据交换和服务功能调用两种技术方式实现信息交换。解决数据和服务交换接入相关接口主要包括《"公共平台"数据交换接口技术要求》与《"公共平台"服务调用接口技术要求》
203	信息安全管理规范	根据平台信息安全管理的需要，按照国家及行业信息安全管理要求，参照国家及行业信息安全相关标准，编制平台信息安全管理规范，包括系统安全、数据安全、用户隐私等
200A	相关标准	与平台互联与交换标准相关的已发布的国际、国家及行业标准，主要为身份统一识别、交换技术规范和安全管理相关的标准
300		应用与服务规范
301	物流业务	是在统一的平台互联与交换规范的基础上，针对数据交换和服务功能调用两种不同技术实现方式，定义物流业务各相关环节的信息应用服务，主要包括车货跟踪、车辆卡应用服务、集装箱跟踪与船舶跟踪等
302	交易	是在统一的平台互联与交换规范的基础上，针对数据交换和服务功能调用两种不同技术实现方式，定义与物流交易相关信息服务标准。主要包括信用信息、物流资源信息、运价与指数信息等应用服务
303	其他	定义其他相关的应用服务标准，主要包括行业监管、公共信息等应用服务
300A	相关标准	与服务和应用标准相关的已发布的国际、国内及行业标准，主要为物流信用、物流信息统计分析等相关的标准
400		平台标准管理
401	标准符合性测试规范	建立一套行之有效的测试程序和方法以及相应的测试工具，用于测试与平台互联的各类软件对平台标准的执行情况，为软件的改进提供具体的意见和措施，主要包括《"公共平台"标准符合性测试规范》
402	标准升级维护管理规范	用于说明平台标准的制定、修订模式和维护管理模式，有效支持平台涉及的物流链的各方对标准化提出的要求。在广泛分析 ISO/IEC、UN/EDIFACT、WCO 等国际标准的维护模式，以及我国国家标准管理办法的基础上制定。主要包括《"公共平台"标准升级维护与管理规范》
400A	相关标准	与平台标准管理相关的已发布的国际、国内和行业标准

第3章
物流公共信息平台系列标准

内容提要

　　根据标准体系，平台系统标准主要包括平台基础标准、平台互联与交换标准、3.3平台应用与服务规范、平台标准应用指南标准。系列标准中，已作为国家/行业标准正式发布的为《交通运输物流信息交换 第1部分：数据元》（JT/T 919.1—2014）、《交通运输物流信息交换 第2部分：道路运输电子单证》（JT/T 919.2—2014）和《交通运输物流信息交换 第3部分：物流站场（园区）电子单证》（JT/T 919.3—2014）。

　　本章主要介绍各系列标准编制原则与依据、适用范围、主要内容等。

3.1 平台基础标准

3.1.1 元数据

1. 相关定义

元数据（metadata）：用来检索、发现、描述、解释其他数据的结构化信息资源。

元数据元素（metadata element）：元数据的基本单位，用以描述信息资源的某个特性。

元数据元素属性（attribute of metadata element）：针对一个元数据基本单位的特性描述。

属性的控制性词汇（controlled vocabulary of attribute）：描述元数据领域中特定对象的可接受的值或短语。

元数据模式（metadate schema）：元数据元素集以及其所使用的规则。

元数据记录（metadata record）：即对象本身，具有可存档、持久性、唯一性、权威性和可核查性。

元数据注册（metadata registry）：元数据注册表是用来存储、组织、管理、共享元数据的数据库。

2. 标准适用范围

本标准规定了物流信息资源目录体系中的资源分类、各类资源的元数据描述以及元数据注册管理。

本标准适用于物流公共信息平台和物流信息管理系统的信息资源管理、检索、发现、获取、交换、共享。

3. 信息资源分类及元数据构成

元数据是描述信息资源等对象的数据，其使用目的在于识别资源、评价资源、追踪资源在使用过程中的变化，实现简单高效地管理大量网络化数据，实现信息资源的有效发现、查找、一体化组织和对使用资源的有效管理。

本标准中物流信息资源可划分为两大类，即物流信息标准类资源、物流信息应用类资源。物流信息标准类资源包括数据元、单证（报文）、服务功能调用；物流信息应用类资源包括物流政务信息、物流业务信息、物流公共信息。

元数据由元数据元素、元素属性、值（控制性词汇）三部分构成，以此来描述资源。

数据元元数据共由12个元素组成，包括分类编号、中文名称、英文名称、定义、数据类型、数据格式、值域、关系、计量单位、同义名称、版本号、备注。其中分类编号、中文名称、英文名称、定义、数据类型、数据格式、值域为必选项，其他为可选项。

1）分类编号

元 素 名	分类编号
定义	数据元元数据的特征号，反映该数据元元数据的排列位置
属性	字符型
控制性词汇	数据元元数据分类编号为其特征号，反映其在集中的排列位置，长度为九位，分类编号从左至右由交通运输物流信息交换业务领域代码、一级分类顺序号、二级分类顺序号和顺序号组成

2）中文名称

元 素 名	中文名称
定义	赋予数据元元数据的单个或多个中文字词的指称
属性	字符型
控制性词汇	由多个中英文字符构成

3）英文名称

元 素 名	英文名称
定义	赋予数据元元数据英文全称
属性	字符型
控制性词汇	英文名称的拼写应采用大骆驼（Upper Camel Case，UCC）命名方式，即每个单词的首字母为大写，其他字母均为小写，并把这些单词组合起来；不应包括任何空格、破折号、下画线或分隔符等

4）定义

元 素 名	定 义
定义	描述数据元元数据语义方面的属性，表达一个数据元元数据的本质特性并区别于所有其他数据元元数据的陈述
属性	字符型
控制性词汇	-

5）数据类型

元 素 名	数据类型
定义	用于表示数据元元数据的符号、字符或其他表示的类型
属性	字符型
控制性词汇	可能的取值有"字符型"、"数字型"、"布尔型"、"二进制型"等。其中，"二进制型"用于表示图形、图像、音视频等

6）数据格式

元 素 名	数据格式
定义	从业务的角度规定的数据元元数据值的格式需求，包括所允许的最大和/或最小字符长度，数据元元数据值的表示格式等
属性	字符型
控制性词汇	数据格式中使用的字符含义如下： a = 字母字符 n = 数字字符 an = 字母数字字符 m（自然数） = 定长 m 个字符（字符集采用 GB2312 中的有关规定） .. = 字符型数据的最小长度到最大长度的分隔符

续

	，　　　　　　　　　= 区分数字字符个数与小数点后小数位数的分隔符，即","前为数字字符个数，","后为小数点后小数位数 ul　　　　　　　　　= 长度不确定的文本 YYYYMMDDhhmmss = "YYYY"表示世纪和年份，"MM"表示月份，"DD"表示日期，"hh"表示小时，"mm"表示分钟，"ss"表示秒，可以视具体实际情况组合使用 True/False　　　　= 布尔型，数据的逻辑判断值 二进制型的数据格式为 binary，表示限定长度的二元八位字节集

7）值域

元 素 名	值　　　域
定义	根据相应属性中所规定的数据元元数据值的类型、数据格式而决定的数据元元数据的允许值的集合
属性	字符型
控制性词汇	-

8）关系

元 素 名	关　　　系
定义	当前数据元元数据与其他相关数据元元数据之间的关系描述
属性	字符型
控制性词汇	-

9）计量单位

元 素 名	计量单位
定义	属于数字型的数据元元数据值的计量单位
属性	字符型
控制性词汇	-

10）同义名称

元 素 名	同义名称
定义	与给定数据元元数据名称有区别但表示有相同数据元元数据概念的，在不同应用环境下的不同称谓，一般为被广泛使用的该数据元元数据的其他名称
属性	字符型
控制性词汇	-

11）版本号

元 素 名	版 本 号
定义	数据元元数据的版本号
属性	字符型
控制性词汇	本标准所规定的数据元元数据，无特殊说明的，其版本均为 V1.0

12）备注

元 素 名	备　　　注
定义	数据元元数据的补充描述或说明
属性	字符型
控制性词汇	-

3.1.2　数据元与代码集

1. 相关定义

数据元（data element）：按《信息技术_元数据注册系统（MDR）》（GB/T 18391.1—2009）的定义，数据元是通过定义、标识、表示以及允许值等一系列属性描述的数据单元。在特定的语义环境中被认为是不可再分的数据最小单位。目前交通行业已公开发布的其他数据元标准有《交通信息基础数据元》系列标准（JT/T 697.1—2013～JT/T 697.13）和《交通科技信息资源共享平台信息资源建设要求　第 3 部分：数据元》（JT/T 735.3—2009），其中前者共包括 11 项标准，涵盖交通统计、收费公路、公路、港口、航道、船员、道路运输、水路运输、建设项目等方面的信息基础数据元。

代码集：是数据元值域引用代码的集合，每个代码集包括代码编号、代码标记（包括拼音缩写标识、代码汉字名称）和代码值。

2. 标准适用范围

本部分规定了交通运输物流信息交换中主要数据元的分类和表示，并给出了数据元目录及代码型数据元的值域代码值。适用于交通运输物流相关的公共信息平台、电子数据交换及物流信息系统等的设计、开发与应用。

3. 编制原则与依据

1）以国家平台原则数据元标准为基础

原有数据元标准借鉴和参考 GB/T 15191—2010《贸易数据交换　贸易数据元目录数据元》中数据元的分类、标识符。本标准是对原有平台数据元的完善与提升，分类和标识符与原平台数据元标准保持一致。

2）遵循现有有关行业标准的相关规定和要求

参照 JT/T 697.1《交通信息基础数据元总则》中编码规则、基本属性的规定，在体例上与行业标准一致。每一项数据元与 JT/T 697 系列标准中的相关部分进行对照，含义相同的数据元直接引用现有行业标准。

3）立足信息平台应用需求，采取自定义方式规定数据元

对于上述国家标准、行业标准中未定义的数据元，本部分根据信息平台实际应用的需求，进行了自定义，但在编码规则和基本属性方面仍然与行业标准保持一致。

4. 标准组成部分

本标准主要分为四个部分：范围、总则、物流信息交换数据元集和代码集。

5. 数据元分类及编码

1）分类

根据交通运输物流信息交换的服务和管理对象以及物流业务信息的基本内容和属

性，参考 GB/T 17699 与 GB/T 15191 数据元的类目分组（即 UN/EDIFACT 标准的数据元类目分组），将物流信息交换的主要数据元划分十大类：

（1）服务数据元；

（2）单证、参考；

（3）日期时间、期限；

（4）参与方、地址、地点、国家；

（5）条款、条件、术语、说明；

（6）金额、费用、百分比；

（7）计量标识符、数量（非货币量）；

（8）货物和物品的描述和标识符；

（9）运输方式、工具、集装箱及其他设备；

（10）其他数据元。

2）编码

数据元分类编号为数据元的特征号，反映该数据元在数据元集中的排列位置，长度为 9 位，分类编号从左至右由交通运输物流信息交换业务领域代码、数据元一级分类顺序号、数据元二级分类顺序号和数据元顺序号组成，分类编号结构如图 3-1 所示。

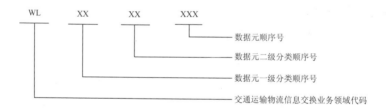

图 3-1　数据元分类编号结构

其中：

（1）交通运输物流信息交换业务领域的代码为 WL，数据元一级分类顺序号从 00 开始，最大编号为 99；

（2）数据元二级分类顺序号从 00 开始，最大编号为 99；

（3）数据元顺序号代表某一级分类下的数据元的序号，从 001 开始顺序编码；

（4）数据元顺序号为偶数，则表示该数据元为用自然语言描述的数据元（包括非代码的数值），紧随其后的奇数数字表示为该数据元的代码表示；

（5）顺序号为 000～799 的数据元参考 GB/T 15191 中的相关数据元的标识符后三位，顺序号为 800～999 的数据元由本部分自定义。

数据元的具体分类及编号如表 3-1 所示。

表 3-1　交通运输物流信息交换基础数据元分类表

分类编号	类目名称	说　明
WL00	服务数据元	需要为用户数据交换过程提供服务的数据元
WL01	单证、参考	用于数据处理或单证的数据元,例如单证和报文名称、参考和参考号、顺序号(如项号、页号以及单证副本数)
WL02	日期、时间、期限	所有日期时间的表示,如日历日期、时间、期限(月、星期、日)、时限、起始和终止日期
WL03	参与方、地址、地点、国家	法人和自然人的名称和地址、组织机构、地点、国家、路线
WL04	条款、条件、术语、说明	鉴证、授权、背书、证明、条目、条件、条款、参考条目、戳记、标签、请求、说明、收据、声明、资料文本
WL05	金额、费用、百分比	财产价值、金额、费用;用于商业、运输、海关、统计以及其他用途的数额和价值;例如作为发票计算基准的价格、费率、百分率和折扣的详细内容
WL06	计量标识符、数量(非货币量)	尺码、重量、体积、距离、温度、货币及其他数量(第 5 类中的货币量除外)、计量单位说明符
WL07	货物和物品的描述和标识符	货物和物品的描述、分类和标示、托运物标识符、包装号和种类、危险品细目
WL08	运输方式、工具、集装箱及其他设备	运输工具和集装箱及其他设备的标识和描述、运输设备细目、运输方式和动态、航次号和航班号等
WL09	其他数据元	WL01~WL08 类中未列出的其他数据元

6. 数据元的表示规范

1)基本属性

数据元表示规范是通过描述数据元的一系列属性来实现的。这些属性是数据元的元数据。本部分按照 JT/T 697.1 中的相关规定,对每个被标识的数据元通过以下基本属性进行描述,如表 3-2 所示。

表 3-2　数据元表示的基本属性

序号	名称	约束	定义及说明
1	分类编号	M	数据元的特征号,反映该数据元在数据元集中的排列位置
2	数据元名称	M	赋予数据元的单个或多个中文字词的指称
3	英文名称	M	赋予数据元英文全称。英文名称的拼写应采用大驼峰(Upper Camel Case,UCC)命名方式,即每个单词的首字母为大写,其他字母均为小写,并把这些单词组合起来;不应包括任何空格、破折号、下画线或分隔符等
4	定义	M	描述数据元语义方面的属性,表达一个数据元的本质特性并区别于所有其他数据元的陈述
5	数据类型	M	用于表示数据元的符号、字符或其他表示的类型
6	数据格式	M	从业务的角度规定的数据元值的格式需求,包括所允许的最大和/或最小字符长度,数据元值的表示格式等
7	值域	M	根据相应属性中所规定的数据值的类型、数据格式而决定的数据元的允许值的集合
8	关系	O	当前数据元与其他相关数据元之间的关系描述

序号	名称	约束	定义及说明
9	计量单位	O	属于数字型的数据元值的计量单位
10	同义名称	O	与给定数据元名称有区别但表示有相同数据元概念的,在不同应用环境下的不同称谓,一般为被广泛使用的该数据元的其他名称
11	版本号	O	数据元的版本号。本系列标准所规定的数据元,无特殊说明的,其版本均为V1.0
12	备注	O	该数据元的补充描述或说明

2）数据类型的表示

数据元值的类型可能的取值有"字符型"、"数字型"、"布尔型"、"二进制型"等。其中,"二进制型"用于表示图形、图像、音视频等。

3）数据格式的表示

数据格式中使用的字符含义如下:

（1）a　　　　　　　= 字母字符;

（2）n　　　　　　　= 数字字符;

（3）an　　　　　　 = 字母数字字符;

（4）m（自然数）= 定长 m 个字符（字符集默认为 GB2312）;

（5）..　　　　　　 = 字符型数据的最小长度到最大长度的分隔符;

（6），　　　　　　 = 区分数字字符个数与小数点后小数位数的分隔符,即","前为数字字符个数,","后为小数点后小数位数;

（7）ul　　　　　　 = 长度不确定的文本;

（8）YYYYMMDDhhmmss = "YYYY"表示世纪和年份,"MM"表示月份,"DD"表示日期,"hh"表示小时,"mm"表示分钟,"ss"表示秒,可以视具体实际情况组合使用;

（9）True/False　　= 布尔型,数据的逻辑判断值;

（10）二进制型的数据格式为 binary,表示限定长度的二元八位字节集。

示例 1:

an3..8 表示最大长度为 8,最小长度为 3 的不定长字符。

示例 2:

an5（aannn）表示定长 5 个字母数字字符,前 2 个为字母字符,后 3 个为数字字符。

示例 3:

n..8,4 表示该数值最大长度为 8 位数字字符、小数点后 4 位数字。

7. 数据元及代码集举例

1）数据元示例（见图 3-2）

6.2.34　个人证件类别代码

分类编号：WL0100815
数据元名称：个人证件类别代码
英文名称：PersonalIdentityDocumentTypeCode
定义：标识个人证件类型的代码。
数据类型：字符型
数据格式：n3
值域：见7.1

图 3-2　数据元示例

2）代码集示例（见图 3-3）

7.1 个人证件类别代码

个人证件类别代码见表3。

表 3　个人证件类别代码

代码	名称	代码	名称
001	居民身份证	005	港澳通行证
002	军官证	006	台胞证
003	护照	009	其他国家认可的有效证件
004	机动车驾驶证		

图 3-3　代码集示例

3.1.3　主要单证

1．编制原则与报文结构

主要单证遵循统一的编制原则、采用统一的报文结构。

1）编制原则

（1）适用性：立足物流主要业务环节和物流公共信息平台现有应用服务，制单证的报文结构。

（2）先进性：电子数据交换报文标准基于 XML 技术，标准中均给出了相应的 XML 定义。

（3）层次性：根据单证中包含的要素进行分类排列，并给出每个要素之间的层次关系。

（4）兼容性：充分注重与国际标准的接轨，数据元的表示方式尽量采用国际标准中规范的表达方式。

（5）可扩展性：每个电子单证标准中仅列出主要字段和数据元，在实际开发和建设中，可根据需求进行扩展。

2）报文结构

电子单证报文结构由报文头和报文体两部分组成。

（1）报文头：每一个单证报文头的数据结构是相同的，由报文参考号、单证名称、报文版本号、发送方代码、接收方代码、发送日期时间和报文功能代码七个数据元组成。

（2）报文体：由描述业务的数据实体和数据元组成。

电子单证报文结构的属性如表3-3所示。

表 3-3　报文结构属性

序号	属性名称	说　　明
1	报文层 Level	标示数据元在报文结构中的位置和层次关系
2	分类编号	标示该数据元的唯一标记,反映该数据元在数据元集中的排列位置,长度为 9 位,分类编号从左至右由交通运输物流信息交换业务领域代码、数据元一级分类顺序号、数据元二级分类顺序号和数据元顺序号组成,如图 3-1 所示
3	英文名称	数据元和段组的英文标记名,可用作 XML 标记名,段组是由多个数据元构成的数据实体
4	中文名称	对数据元的中文描述
5	约束/出现次数	指该数据元在报文中重复出现的次数: a) 0..1——数据元值域可填,且可出现一次; b) 0..n——数据元值域可填,且可出现多次; c) 1..1——数据元值域必填,且出现一次; d) 1..n——数据元值域必填,且可出现多次
6	数据格式	数据格式中使用的字符含义如下: a) a　　　　　= 字母字符 b) n　　　　　= 数字字符 c) an　　　　 = 字母数字字符 d) m(自然数)= 定长 m 个字符(字符集默认为 GB2312) e) ..　　　　 = 字符型数据的最小长度到最大长度的分隔符 f),　　　　 = 区分数字字符个数与小数点后小数位数的分隔符,即“,”前为数字字符个数,“,”后为小数点后小数位数 g) ul　　　　 = 长度不确定的文本 h) YYYYMMDDhhmmss= “YYYY”表示年份,“MM”表示月份,“DD”表示日期,“hh”表示小时,“mm”表示分钟,“ss”表示秒,可以视具体实际情况组合使用 i) True/False　=布尔型 示例 1: an3..8 表示最大长度为 8,最小长度为 3 的不定长字符。 示例 2: an5(aannn)表示定长 5 个字母数字字符,前 2 个为字母字符,后 3 个为数字字符。 示例 3: n..8,4 表示该数值最大长度为 8 位数字字符、小数点后 4 位数字。
7	引用文件	代码型数据元值域引用的标准
8	说明	对数据元的简要解释和应用说明

2. 道路运输电子单证

道路运输电子单证规定了交通运输物流信息交换中有关道路运输电子单证的报文属性和报文结构,主要用于交通运输物流相关的公共信息平台、电子数据交换及物流信息系统等的设计、开发与应用。

道路运输电子单证主要包括普通运输电子单证、危险品道路运输电子路单和集装箱道路运输电子单证。

1）普通运输电子单证

普通运输电子单证包括托运单、派车单、托运状态变化单和回执单。各单证报文结构示例如图 3-4～图 3-7 所示。

序号	报文层	分类编号	英文名称	中文名称	约束/出现次数	数据格式	引用文件	说明
1	1		Root	根	1..1			
2	2		**Header**	**报文头**	1..1			
3	3	WL0000062	MessageReferenceNumber	报文参考号	1..1	an..35		报文的唯一标识符
4	3	WL0100000	DocumentName	单证名称	1..1	an..35		单证的中文名称：普通运输托运单
5	3	WL0000052	DocumentVersionNumber	报文版本号	1..1	an..17		报文类型的版本号，体现报文结构内容的调整
6	3	WL0900813	SenderCode	发送方代码	1..1	an..20		标识数据交换的发送方的代码
7	3	WL0900817	RecipientCode	接收方代码	1..1	an..20		标识数据交换的接收方的代码
8	3	WL0200863	MessageSendingDateTime	发送日期时间	1..1	n14		YYYYMMDDhhmmss
9	3	WL0100225	MessageFunctionCode	报文功能代码	0..1	an..3	GB/T 16833-2011	指示报文功能的代码
10	2		**Body**	**报文体**	1..1			
11	3	WL0100802	ShippingNoteNumber	托运单号	1..1	an..20		为托运单指定的单证号

图 3-4　托运单报文结构示例

序号	报文层	分类编号	英文名称	中文名称	约束/出现次数	数据类型和数据格式	引用文件	说明
1	1		Root	根	1..1			
2	2		**Header**	**报文头**	1..1			
3	3	WL0000062	MessageReferenceNumber	报文参考号	1..1	an..35		报文的唯一标识符
4	3	WL0100000	DocumentName	单证名称	1..1	an..35		单证的中文名称：普通运输派车单
5	3	WL0000052	DocumentVersionNumber	报文版本号	1..1	an..17		报文类型的版本号，体现报文结构内容的调整
6	3	WL0900813	SenderCode	发送方代码	1..1	an..20		系统指定的发送方代码
7	3	WL0900817	RecipientCode	接收方代码	0..1	an..20		系统指定的接收方代码
8	3	WL0200863	MessageSendingDateTime	发送日期时间	1..1	n14		YYYYMMDDhhmmss
9	3	WL0100225	MessageFunctionCode	报文功能代码	0..1	an..3	GB/T 16833-2011	指示报文功能的代码
10	2		**Body**	**报文体**	1..1			
11	3	WL0100812	JobOrderNumber	作业单号	1..1	an..50		承运方根据托运信息进行调度作业生成的运输单据号码，这里指派车单号

图 3-5　派车单报文结构示例

序号	报文层	分类编号	英文名称	中文名称	约束/出现次数	数据格式	引用文件	说明
1.	1.		Root	根	1..1			
2.	2.		**Header**	**报文头**	1..1			
3.	3.	WL0000062	MessageReferenceNumber	报文参考号	1..1	an..35		报文的唯一标识符
4.	3.	WL0100000	DocumentName	单证名称	1..1	an..35		单证的中文名称：普通运输托运状态变化单
5.	3.	WL0000052	DocumentVersionNumber	报文版本号	1..1	an..17		报文类型的版本号，体现报文结构内容的调整
6.	3.	WL0900813	SenderCode	发送方代码	1..1	an..20		标示数据交换的发送方代码
7.	3.	WL0900817	RecipientCode	接收方代码	0..1	an..20		标示数据交换的接收方代码
8.	3.	WL0200863	MessageSendingDateTime	发送日期时间	1..1	n14		YYYYMMDDhhmmss
9.	3.	WL0100225	MessageFunctionCode	报文功能代码	0..1	an..3	采用GB/T 16833中有关规定	指示报文功能的代码
10.	2.		**Body**	**报文体**	1..1			
11.	3.	WL0100802	ShippingNoteNumber	托运单号	1..1	an..20		为托运单指定的单证号

图 3-6　托运状态变化单报文结构示例

序号	报文层	分类编号	英文名称	中文名称	约束/出现次数	数据格式	引用文件	说明
1.	1.		Root	根	1..1			
2.	2.		Header	**报文头**	1..1			
3.	3.	WL0000062	MessageReferenceNumber	报文参考号	1..1	an..35		报文的唯一标识符
4.	3.	WL0100000	DocumentName	单证名称	1..1	an..35		单证的中文名称：普通运输回执单
5.	3.	WL0000052	DocumentVersionNumber	报文版本号	1..1	an..17		报文类型的版本号，体现报文结构内容的调整
6.	3.	WL0900813	SenderCode	发送方代码	1..1	an..20		标示数据交换的发送方的代码
7.	3.	WL0900817	RecipientCode	接收方代码	1..1	an..20		标示数据交换的接收方的代码
8.	3.	WL0200863	MessageSendingDateTime	发送日期时间	1..1	n14		YYYYYMMDDhhmmss
9.	3.	WL0100225	MessageFunctionCode	报文功能代码	0..1	an..3	采用GB/T 16833中的有关规定	指示报文功能的代码
10.	2.		Body	**报文体**	1..1			
11.	3.	WL0100802	ShippingNoteNumber	托运单号	1..1	an..20		为托运单指定的单证号

图 3-7　回执单报文结构示例

2）危险品道路运输电子路单

危险品道路运输电子路单报文结构示例如图 3-8 所示。

序号	报文层	分类编号	英文名称	中文名称	约束/出现次数	数据格式	引用文件	说明
15	3	WL0800832	TransportIndustryCode	运输行业编号	1..1	an..17		按道路运输行业的许可事项进行分类的行业类别代码，这里为3000
16	3	WL0300898	EnterpriseName	企业名称	0..1	an..100		企业（包括个体工商户）在工商登记机关注册的营业执照上的名称
17	**3**		**LoadInfo**	**装货信息**	1..1			
18	4	WL0300334	PlaceOfLoading	装货地点	1..1	an..256		
19	4	WL0300229	CountrySubdivisionCode	国家行政区划代码	0..1	an..12	GB/T 2260	国家行政区划的代码表示
20	4	WL0300898	EnterpriseName	企业名称	1..1	an..100		装货单位的名称
21	4	WL0300412	ContactName	联系人名称	1..1	an..256		
22	4	WL0300869	TelephoneNumber	电话号码	1..1	an..18		
23	4	WL0200809	ResquestedLoadingDateTime	要求装货日期时间	1..1	n14		YYYYMMDDhhmmss
24	**3**		**UnloadInfo**	**卸货信息**	1..1			

图 3-8　危险品道路运输电子路单报文结构示例

3）集装箱道路运输电子单证

集装箱道路运输电子单证包括集装箱托运单、派车单、回执单。各单证报文结构示例如图 3-9～图 3-11 所示。

序号	报文层	分类编号	英文名称	中文名称	约束/出现次数	数据格式	引用文件	说明
1	1		Root	根	1..1			
2	2		Header	**报文头**	1..1			
3	3	WL0000062	MessageReferenceNumber	报文参考号	1..1	an..35		报文的唯一标识符
4	3	WL0100000	DocumentName	单证名称	1..1	an..35		单证的中文名称：集装箱运输托运单
5	3	WL0000052	DocumentVersionNumber	报文版本号	1..1	an..17		报文类型的版本号，体现报文结构内容的调整
6	3	WL0900813	SenderCode	发送方代码	1..1	an..20		标示数据交换的发送方代码
7	3	WL0900817	RecipientCode	接收方代码	1..1	an..20		标示数据交换的接收方代码
8	3	WL0200863	MessageSendingDateTime	发送日期时间	1..1	n14		YYYYMMDDhhmmss
9	3	WL0100225	MessageFunctionCode	报文功能代码	0..1	an..3	GB/T 16833-2011	指示报文功能的代码
10	2		**Body**	**报文体**	1..1			
11	3	WL0100802	ShippingNoteNumber	托运单号	1..1	an..20		为托运单指定的单证号
12	3	WL0200803	CommissionDateTime	委托日期时间	1..1	n14		YYYYMMDDhhmmss

图 3-9　集装箱运输托运单报文结构示例

序号	报文层	分类编号	英文名称	中文名称	约束/出现次数	数据格式	引用文件	说明
7	3	WL0900817	RecipientCode	接收方代码	1..1	an..20		标示数据交换的接收方代码
8	3	WL0200863	MessageSendingDateTime	发送日期时间	1..1	n14		YYYYMMDDhhmmss
9	3	WL0100225	MessageFunctionCode	报文功能代码	0..1	an..3	GB/T 16833-2011	指示报文功能的代码
10	2		**Body**	**报文体**	1..1			
11	3	WL0100802	ShippingNoteNumber	托运单号	1..1	an..20		为托运单指定的单证号
12	3	WL0100804	LadingBillNumber	提单号	1..1	an..20		
13	3	WL0900842	Remark	备注	0..1	an..256		业务信息的附加说明
14	3		**ContainerInfo**	**集装箱信息**	0..n			
15	4	WL0800884	ContainerNumber	集装箱号	0..1	an..12		
16	4	WL0800877	CodeOfSizeAndType	尺寸和箱型代码	1..1	an..4	GB/T 1836	
17	4	WL0800802	VehicleNumber	车辆牌照号	1..1	an..35		由公安车管部门核发的车辆牌照号码

图 3-10　集装箱运输派车单报文结构示例

序号	报文层	分类编号	英文名称	中文名称	约束/出现次数	数据格式	引用文件	说明
1	1		Root	根	1..1			
2	2		Header	**报文头**	1..1			
3	3	WL0000062	MessageReferenceNumber	报文参考号	1..1	an..35		报文的唯一标识符
4	3	WL0100000	DocumentName	单证名称	1..1	an..35		单证的中文名称：集装箱运输回执单
5	3	WL0000052	DocumentVersionNumber	报文版本号	1..1	an..17		报文类型的版本号，体现报文结构内容的调整
6	3	WL0900813	SenderCode	发送方代码	1..1	an..20		标示数据交换的发送方的代码
7	3	WL0900817	RecipientCode	接收方代码	1..1	an..20		标示数据交换的接收方的代码
8	3	WL0200863	MessageSendingDateTime	发送日期时间	1..1	n14		YYYYMMDDhhmmss
9	3	WL0100225	MessageFunctionCode	报文功能代码	0..1	an..3	GB/T 16833-2011	指示报文功能的代码
10	2		**Body**	**报文体**	1..1			
11	3	WL0100802	ShippingNoteNumber	托运单号	1..1	an..20		为托运单指定的单证号

图 3-11　集装箱运输回执单报文结构示例

3．物流站场（园区）电子单证

物流站场（园区）电子单证规定了物流站场（园区）与其他企业间业务协作及与管理部门进行数据交换的主要电子单证的报文结构，包括物流站场（园区）的基本信息、车辆识别卡注册、车辆卡园区登记、车辆进出、信用评价、货运专线、车源、货源与统计信息的电子单证。

本电子单证适用于物流行业相关的公共信息平台、电子数据交换平台以及物流业务信息系统等的设计、开发与应用。

1）物流企业/站场（园区）基本信息

物流企业或者站场（园区）基本信息通过数据交换共享给相关业务系统，其报文结构示例如图 3-12 所示。

序号	报文层	分类编号	英文名称	中文名称	约束/出现次数	数据格式	引用文件	说明
1.	1		Root	根	1..1			
2.	2		Header	报文头	1..1			
3.	3	WL0000062	MessageReferenceNumber	报文参考号	1..1	an..35		报文的唯一标识符
4.	3	WL0100000	DocumentName	单证名称	1..1	an..35		单证的中文名称：物流站场（园区）基本信息
5.	3	WL0000052	DocumentVersionNumber	报文版本号	1..1	an..17		
6.	3	WL0900813	SenderCode	发送方代码	1..1	an..20		系统指定的发送方代码
7.	3	WL0900817	RecipientCode	接收方代码	0..1	an..20		系统指定的接收方代码
8.	3	WL0200863	MessageSendingDateTime	发送日期时间	1..1	n14		YYYYMMDDhhmmss
9.	3	WL0100225	MessageFunctionCode	报文功能代码	0..1	an..3	采用GB/T16833的有关规定	指示报文功能的代码
10.	2		Body	报文体	1..1			
11.	3		EnterpriseInformation	企业信息	1..n			经营园区的主体企业相关信息
12.	4		BaseInformation	基本信息	1..1			

图 3-12　物流企业/站场（园区）基本信息报文结构示例

2）车辆卡注册信息

物流站场（园区）对车辆进行登记注册后发卡，将发卡/销卡/更新卡信息发送给相关方，实现车辆识别卡注册信息共享和交换。车辆卡注册信息上传报文结构如图 3-13 所示。

序号	报文层	分类编号	英文名称	中文名称	约束/出现次数	数据格式	引用文件	说明
1.	1		Root	根	1..1			
2.	2		Header	报文头	1..1			
3.	3	WL0000062	MessageReferenceNumber	报文参考号	1..1	an..35		报文的唯一标识符
4.	3	WL0100000	DocumentName	单证名称	1..1	an..35		单证名称：车辆卡注册信息
5.	3	WL0000052	DocumentVersionNumber	报文版本号	1..1	an..17		
6.	3	WL0900813	SenderCode	发送方代码	1..1	an..20		系统指定的发送方代码
7.	3	WL0900817	RecipientCode	接收方代码	0..1	an..20		系统指定的接收方代码
8.	3	WL0200863	MessageSendingDateTime	发送日期时间	1..1	n14		YYYYMMDDhhmmss
9.	3	WL0100225	MessageFunctionCode	报文功能代码	0..1	an..3	采用GB/T16833的代码值	
10.	2		Body	报文体	1..1			
11.	3		VehicleInfomation	车辆信息	1..n			一次可发送发送若干条车辆信息
12.	4	WL0800828	VehicleIdentityCardNumber	车辆识别卡号	1..1	an..20		车辆在物流园区领取的识别卡卡号

图 3-13　车辆卡注册信息报文结构

3）车辆进出信息

物流场站（园区、港区、堆场等）记录车辆的进出时间信息，并将此信息上传到平台数据交换中心，供各场站或其他系统共享。车辆进出信息上传报文结构如图 3-14 所示。

序号	报文层	分类编号	英文名称	中文名称	约束/出现次数	数据格式	引用文件	说明
1.	1		Root	根	1..1			
2.	2		Header	报文头	1..1			
3.	3	WL0000062	MessageReferenceNumber	报文参考号	1..1	an..35		报文的唯一标识符
4.	3	WL0100000	DocumentName	单证名称	1..1	an..35		单证名称：车辆进出信息
5.	3	WL0000052	DocumentVersionNumber	报文版本号	1..1	an..17		
6.	3	WL0900813	SenderCode	发送方代码	1..1	an..20		系统指定的发送方代码
7.	3	WL0900817	RecipientCode	接收方代码	0..1	an..20		系统指定的接收方代码
8.	3	WL0200863	MessageSendingDateTime	发送日期时间	1..1	n14		YYYYMMDDhhmmss
9.	3	WL0100225	MessageFunctionCode	报文功能代码	0..1	an..3		采用GB/T 16833中1225代码值
10.	2		Body	报文体	1..1			
11.	3	WL0300916	LogisticsStation/ParkName	物流站场（园区）名称	0..1	an..100		

图 3-14 车辆进出信息报文结构

4）诚信评价信息

物流站场（园区）把核实后的企业、车辆、人员的诚信评价信息发送给平台，包括企业考核、车辆违规、人员违规、投诉举报等方面的诚信评价信息。诚信评价信息上传报文结构示例如图 3-15 所示。

序号	报文层	分类编号	英文名称	中文名称	约束/出现次数	数据格式	引用文件	说明
1.	1		Root	根	1..1			
2.	2		Header	报文头	1..1			
3.	3	WL0000062	MessageReferenceNumber	报文参考号	1..1	an..35		报文的唯一标识符
4.	3	WL0100000	DocumentName	单证名称	1..1	an..35		单证名称：信用评价信息
5.	3	WL0000052	DocumentVersionNumber	报文版本号	1..1	an..17		
6.	3	WL0900813	SenderCode	发送方代码	1..1	an..20		系统指定的发送方代码
7.	3	WL0900817	RecipientCode	接收方代码	0..1	an..20		系统指定的接收方代码
8.	3	WL0200863	MessageSendingDateTime	发送日期时间	1..1	n14		YYYYMMDDhhmmss
9.	3	WL0100225	MessageFunctionCode	报文功能代码	0..1	an..3		GB/T 16833中1225的代码值
10.	2		Body	报文体	1..1			
11.	3		AppraiseInformation	评价信息	1..n			

图 3-15 诚信评价信息报文结构

5）货运专线信息

物流企业通过平台数据交换中心，将货运专线的线路、价格等信息发送给平台或相关信息系统。货运专线信息上传报文结构示例如图 3-16 所示。

序号	报文层	分类编号	英文名称	中文名称	约束/出现次数	数据格式	引用文件	说明
1.	1		Root	根	1..1			
2.	2		**Header**	**报文头**	**1..1**			
3.	3	WL0000062	MessageReferenceNumber	报文参考号	1..1	an..35		报文的唯一标识符
4.	3	WL0100000	DocumentName	单证名称	1..1	an..35		单证名称：货运专线信息
5.	3	WL0000052	DocumentVersionNumber	报文版本号	1..1	an..17		
6.	3	WL0900813	SenderCode	发送方代码	1..1	an..20		系统指定的发送方代码
7.	3	WL0900817	RecipientCode	接收方代码	0..1	an..20		系统指定的接收方代码
8.	3	WL0200863	MessageSendingDateTime	发送日期时间	1..1	n14		YYYYMMDDhhmmss
9.	3	WL0100225	MessageFunctionCode	报文功能代码	0..1	an..3	采用 GB/T 16833 中 1225 的代码值	指示报文功能的代码
10.	2		**Body**	**报文体**	**1..1**			
11.	3	WL0800960	IssuerName	发布者名称	1..1	an..100		信息发布者的名称
12.	3	WL0800944	LineName	专线名称	1..1	an..30		货运专线的名称

图 3-16　货运专线信息报文结构

6）车源信息

企业通过平台数据交换中心，将车辆信息、启运地、信息发布时间等车源信息发送给平台或相关信息系统。车源信息上传报文结构示例如图 3-17 所示。

序号	报文层	分类编号	英文名称	中文名称	约束/出现次数	数据格式	引用文件	说明
1.	1		Root	根	1..1			
2.	2		**Header**	**报文头**	**1..1**			
3.	3	WL01000062	MessageReferenceNumber	报文参考号	1..1	an..35		报文的唯一标识符
4.	3	WL0100000	DocumentName	单证名称	1..1	an..35		单证名称：车源信息上传
5.	3	WL0000052	DocumentVersionNumber	报文版本号	1..1	an..17		
6.	3	WL0900813	SenderCode	发送方代码	1..1	an..20		系统指定的发送方代码
7.	3	WL0900817	RecipientCode	接收方代码	0..1	an..20		系统指定的接收方代码
8.	3	WL0200863	MessageSendingDateTime	发送日期时间	1..1	n14		YYYYMMDDhhmmss
9.	3	WL0100225	MessageFunctionCode	报文功能代码	0..1	an..3	GB/T 16833 中 1225 的代码值	
10.	2		**Body**	**报文体**	**1..1**			
11.	3	WL0800974	VehicleResourceNumber	车源编号	0..1	an..60		

图 3-17　车源信息报文结构

7）货源信息

企业通过平台数据交换中心，将启运地、货物名称、货物重量、货物体积等货源信息发送到平台或相关信息系统。货源信息上传报文结构示例如图 3-18 所示。

序号	报文层	分类编号	英文名称	中文名称	约束/出现次数	数据格式	引用文件	说明
1.	1		Root	根	1..1			
2.	2		**Header**	**报文头**	**1..1**			
3.	3	WL0000062	MessageReferenceNumber	报文参考号	1..1	an..35		报文唯一标识符
4.	3	WL0100000	DocumentName	单证名称	1..1	an..35		单证名称：货源信息上传
5.	3	WL0000052	DocumentVersionNumber	报文版本号	1..1	an..17		
6.	3	WL0900813	SenderCode	发送方代码	1..1	an..20		系统指定的发送方代码
7.	3	WL0900817	RecipientCode	接收方代码	0..1	an..20		系统指定的接收方代码
8.	3	WL0200863	MessageSendingDateTime	发送日期时间	1..1	n14		YYYYMMDDhhmmss
9.	3	WL0100225	MessageFunctionCode	报文功能代码	0..1	an..3		采用GB/T 16833的代码值
10.	2		**Body**	**报文体**	1..1			
11.	3	WL0900852	UserName	用户名	0..1	an..17		发布者登录的账号

图 3-18　货源信息报文结构

8）物流站场（园区）统计信息

物流场站（园区）将统计信息通过数据交换共享给相关业务系统。物流站场（园区）统计信息报文结构如图 3-19 所示。

序号	报文层	分类编号	英文名称	中文名称	约束/出现次数	数据格式	引用文件	说明
1.	1		Root	根	1..1			
2.	2		Header	**报文头**	1..1			
3.	3	WL0000062	MessageReferenceNumber	报文参考号	1..1	an..35		报文的唯一标识符
4.	3	WL0100000	DocumentName	单证名称	1..1	an..35		单证名称：物流站场（园区）统计信息
5.	3	WL0000052	DocumentVersionNumber	报文版本号	1..1	an..17		
6.	3	WL0900813	SenderCode	发送方代码	1..1	an..20		系统指定的发送方代码
7.	3	WL0900817	RecipientCode	接收方代码	0..1	an..20		系统指定的接收方代码
8.	3	WL0200863	MessageSendingDateTime	发送日期时间	1..1	n14		YYYYMMDDhhmmss
9.	3	WL0100225	MessageFunctionCode	报文功能代码	0..1	an..3		采用GB/T 16833 中1225的代码值
10.	2		**Body**	**报文体**	1..1			
11.	3	WL0300898	EnterpriseName	企业名称	1..1	an..100		园区运营企业名称

图 3-19　物流场站（园区）统计信息报文结构

4．仓储电子单证

本标准规定了生产制造、商贸和物流企业间业务协作过程中交换的仓储电子单证的报文结构，包括货主与仓储企业之间的普通仓储业务、货代与集装箱站场（CFS）之间的 CFS 仓库业务相关的电子单证等。

仓储电子单证适用于物流行业相关的公共信息平台以及相关物流业务信息管理系统等的设计、开发与应用。

1）普通仓储电子单证

普通仓储电子单证包括普通仓储入库通知单、普通仓储入库明细单、普通仓储出库通知单、普通仓库出库明细单。以普通仓储入库通知单为例，其部分报文结构示例如表 3-4 所示。

表 3-4　普通仓库入库通知单报文结构

序号	报文层 Level	分类编号	英文名称	中文名称	约束/出现次数	数据格式	引用文件	说　明
1	1		Root	根	1..1			
2	2		Header	报文头	1..1			
3	3	WL0000062	MessageReferenceNumber	报文参考号	1..1	an..35		报文的唯一标识符
4	3	WL0100000	DocumentName	单证名称	1..1	an..35		单证的中文名称"普通仓储入库通知单"
5	3	WL0000052	DocumentVersionNumber	报文版本号	1..1	an..17		
6	3	WL0900813	SenderCode	发送方代码	1..1	an..20		发送方的物流交换代码
7	3	WL0900817	RecipientCode	接收方代码	0..1	an..20		接收方的物流交换代码
8	3	WL0200863	MessageSendingDateTime	发送日期时间	1..1	n14		YYYYMMDDhhmmss
9	3	WL0100225	MessageFunctionCode	报文功能代码	0..1	an..3	采用GB/T 16833—2011 的 1225	
10	2		Body	报文体	1..1			
11	3	WL0300881	GoodsOwnerCode	货主代码	1..1	an..20		货物所有者代码，企业自定义
12	3	WL0300880	GoodsOwner	货主	1..1	an..100		
13	3	WL0100820	OriginalDocumentNumber	原始单号	0..1	an..35		仓储企业与委托方之间的对账单号

2）CFS 仓库电子单证

CFS 仓库电子单证包括 CFS 仓库入库通知单、CFS 仓库入库明细单、CFS 仓库出库通知单、CFS 仓库出库明细单。以 CFS 仓库入库通知单为例，其部分报文结构示例如表 3-5 所示。

表 3-5　CFS 仓库入库通知单报文结构

序号	报文层 Level	分类编号	英文名称	中文名称	约束/出现次数	数据格式	引用文件	说　明
1	1		Root	根	1..1			
2	2		Header	报文头	1..1			
3	3	WL0000062	MessageReference Number	报文参考号	1..1	an..35		报文的唯一标识符
4	3	WL0100000	DocumentName	单证名称	1..1	an..35		单证的中文名称"CFS 仓库入库通知单"
5	3	WL0000052	DocumentVersion Number	报文版本号	1..1	an..17		
6	3	WL0900813	SenderCode	发送方代码	1..1	an..20		发送方的物流交换代码
7	3	WL0900817	RecipientCode	接收方代码	0..1	an..20		接收方的物流交换代码
8	3	WL0200863	MessageSending DateTime	发送日期时间	1..1	n14		YYYYMMDD hhmmss
9	3	WL0100225	MessageFunctionCode	报文功能代码	0..1	an..3	采用 GB/T 16833—2011 的 1225	
10	2		Body	报文体	1..1			
11	3	WL0100846	WarehousingAdvice NoteNumber	入库通知单号	1..1	an..80		
12	3	WL0200831	PlannedWarehousing DateTime	计划入库日期时间	1..1	n14		YYYYMMDD hhmmss
13	3	WL0200835	WarehousingEndData Time	进仓截止时间	0..1	n14		YYYYMMDD hhmmss

5. 货代电子单证

1）海运托运单

海运托运单是指货主委托国际货代用于海运订舱的单证。本标准规定了物流行业中货主、货代之间业务协作过程中交换的主要单证的报文结构及属性说明，包括订舱所需的海运托运单和配仓回单。本标准适用于物流行业相关的公共信息平台以及相关物流业务信息管理系统等的设计、开发与应用。其部分报文结构示例如表 3-6 所示。

表 3-6   海运托运单报文结构

序号	报文层 Level	分类编号	英文名称	中文名称	约束/出 现次数	数据 格式	引用 文件	说　　明
1	1		Root	根	1..1			
2	2		Header	报文头	1..1			
3	3	WL0000062	MessageReference Number	报文参考号	1..1	an..35		报文的唯一标 识符
4	3	WL0100000	DocumentName	单证名称	1..1	an..35		单证的中文名 称"海运托运单"
5	3	WL0000052	DocumentVersion Number	报文版本号	1..1	an..17		
6	3	WL0900813	SenderCode	发送方代码	1..1	an..20		物流交换代码
7	3	WL0900817	RecipientCode	接收方代码	0..1	an..20		
8	3	WL0200863	MessageSendingDate Time	发送日期时间	1..1	n14		YYYYMMD Dhhmmss
9	3	WL0100225	MessageFunctionCode	报文功能代码	0..1	an..3		采用 GB/T 16833—2011 的 1225
10	2		Body	报文体	1..1			
11	3	WL0100802	ShippingNoteNumber	托运单号	1..1	an..20		
12	3		VesselInfo	船舶信息	0..1			
13	4	WL0800841	VesselNameCode	船名代码	0..1	an..10		
14	4	WL0800842	VesselEnglishName	船舶英文船名	1..1	an..200		
15	4	WL0800028	ConveyanceReference Number	运输参考号	1..1	an..17		航次号
16	4	WL0200813	EstimatedDeparture DateTime	预计离港日期时间	1..1	n14		YYYYMMD Dhhmmss
17	4	WL0300127	CarrierIdentifier	承运人标识符	0..1	an..17		
18	4	WL0300126	Carrier	承运人	0..1	an..512		
19	3		PlacePortsInfo	地点和港口信息	0..1			
20	4	WL0300895	GoodsCollectedLocatio n	集货地	0..1	an..256		
21	4	WL0300160	GoodsReceiptPlace	收货地点	0..1	an..256		

2）配舱回单

配舱回单是指国际货代对货主或一级货代的委托进行反馈，包括对委托的受理确认
以及具体运输安排如船名、航次、装货港、卸货港等信息。其部分报文结构示例如表 3-7
所示。

表 3-7　配舱回单报文结构

序号	报文层 Level	分类编号	英文名称	中文名称	约束/出现次数	数据格式	引用文件	说　明
1	1		Root	Root	1..1			
2	2		Header	报文头	1..1			
3	3	WL0000062	MessageReferenceNumber	报文参考号	1..1	an..35		报文的唯一标识符
4	3	WL0100000	DocumentName	单证名称	1..1	an..35		配舱回单
5	3	WL0000052	DocumentVersionNumber	报文版本号	1..1	an..17		
6	3	WL0900813	SenderCode	发送方代码	0..1	an..20		物流交换代码
7	3	WL0900817	RecipientCode	接收方代码	1..1	an..20		
8	3	WL0200863	MessageSendingDateTime	发送日期时间	1..1	n14		YYYYMMDD hhmmss
9	3	WL0100225	MessageFunctionCode	报文功能代码	0..1	an..3		采用 GB/T 16833—2011 的 1225
10	2		Body	报文体	1..1			

3.2　平台互联与交换标准

3.2.1　统一身份认证

1. 概述

统一身份认证是指通过用户名和密码以及相应的加密算法与协议对用户或企业身份进行合法性校验、判断和确认的过程。为了保证物流公共信息平台上数据交换的安全性，采用统一身份认证技术对接入平台的用户和外部系统进行身份验证，以确保安全高效接入和互联以及业务操作过程中防止身份篡改、防止抵赖和防止任何人访问超越其权限以外的数据。

交通运输物流公共信息平台统一身份认证涉及"平台管理系统"以及调用"平台管理系统"服务的外部系统（或用户）。"平台管理系统"（图 3-20 中 A）包括用户服务管理系统和统一认证服务系统。用户服务管理系统是对在平台上注册的用户和服务等进行管理的系统，负责平台上用户的注册、变更和注销以及各项服务的审核、发布和管理。统一认证服务系统是对在平台上进行数据交换和服务调用的接入端用户进行身份验证的系统，并提供用户信息查询和数据同步服务。

调用"平台管理系统"服务的外部系统包括无统一身份认证（图 3-20 中 B）和有统一身份认证（图 3-20 中 C）两种情况。外部系统（或用户）进行数据交换和服务调用时，应进行统一身份认证，其中：

（1）跨区域的数据交换和服务调用，在平台管理系统中的统一认证服务系统进行认证。

（2）对于区域内的数据交换和服务调用，若该区域有统一身份认证（图 3-20 中 C），则区域内用户应在该区域的区域统一认证服务系统进行身份验证。

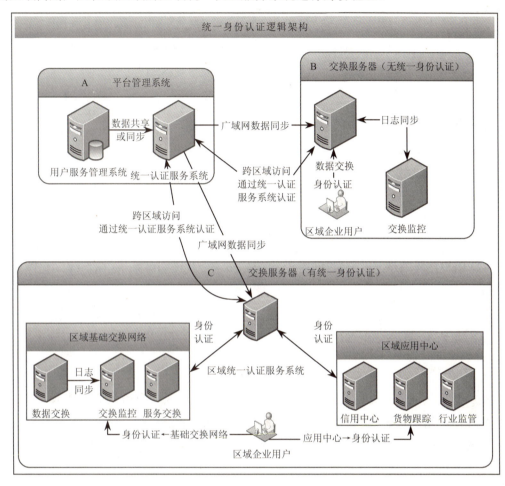

图 3-20　统一身份认证逻辑架构图

2．应用场景

图 3-21 给出了企业通过统一认证服务系统进行身份认证和数据交换的应用场景。
用户发送和接收数据的主要流程如下：

（1）用户要发送数据，应首先向统一认证服务系统申请令牌（见图 3-21 中步骤 1）；

（2）用户申请到令牌后，凭申请到的令牌向交换服务器发送数据（见图 3-21 中步骤 2）；

（3）交换服务器收到用户发送数据请求后向统一认证服务系统验证该用户的令牌（见图 3-21 中步骤 3），令牌验证通过后，交换服务器即可从信息发送方接收数据；

（4）用户接收数据时，也应首先向统一认证服务系统申请令牌（见图 3-21 中步骤 4）；

（5）信息接收方凭申请到的令牌向交换服务器发送接收数据的请求（见图 3-21 中步骤 5）；

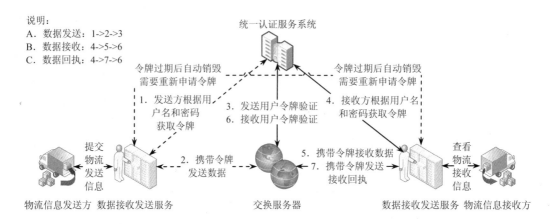

图 3-21　企业进行统一身份认证的应用场景示例

（6）交换服务器收到用户接收数据的请求后向统一认证服务系统验证该用户的令牌（见图 3-21 中步骤 6），令牌验证通过后，交换服务器即可向信息接收方发送数据；

（7）用户接收消息之后要发送回执，也应先向统一认证服务系统申请令牌（见图 3-21 步骤 4），然后携带令牌发送回执消息（见图 3-21 步骤 7）；

（8）交换服务器收到用户发送回执的申请之后向统一认证服务系统验证该用户的令牌（见图 3-21 步骤 6），令牌验证通过后，交换服务器即可从信息接收方接收回执消息。

3．标准介绍

统一身份认证标准规定了交通运输物流公共信息平台统一身份认证的技术要求，包括用户注册、用户认证和用户管理，适用于交通运输物流公共信息平台管理系统以及与交通运输物流公共信息平台互联实现统一身份认证的外部系统的设计、开发和应用。

统一身份认证标准主要内容如下：

1）用户注册

用户在平台进行数据交换和服务调用之前，首先应该获得标识用户唯一身份的物流交换代码。物流交换代码分为两类：个人用户和企业用户的物流交换代码、应用服务和外部平台的物流交换代码。因此物流交换代码的申请方式也有两种，在平台提供的申请页面提交申请和直接向用户服务管理系统提出申请。

2）用户认证

（1）令牌申请：在进行数据交换和服务调用前，服务需求方应向统一认证服务系统提出申请来获取令牌。申请人可以是服务需求方，也可以是其他用户。统一认证服务系统收到请求消息后判断该用户是否为合法用户，并返回响应消息，颁发令牌。

（2）令牌验证：用户携带令牌进行数据交换和服务调用。交换服务器收到交换申请消息后，应验证用户令牌的合法性并返回响应消息。

3）用户管理

统一认证服务提供信息查询和数据同步的功能。

（1）用户基本信息查询：用户可以凭借自身的令牌和被查询用户的物流交换代码或用户名，调用统一认证服务系统的用户基本信息查询接口来查询并获取用户基本信息。当用户只提供被查询用户的用户名时，统一认证服务系统可能返回多组具有相同用户名的用户基本信息；服务需求方同时提供被查询用户的用户名与用户 ID 时，若用户名与用户 ID 对应的用户不同时，则返回各自对应用户的基本信息。

（2）用户详细信息查询：用户可以凭借自身的令牌和被查询用户的物流交换代码，调用统一认证服务系统的用户详细信息查询接口来查询并获取用户详细信息。

（3）用户状态查询：用户可以凭借自身的令牌和被查询用户的物流交换代码，调用统一认证服务系统的用户状态查询接口来查询并获取用户状态信息。

（4）用户路由查询：用户可以凭借自身的令牌和被查询用户的物流交换代码，调用统一认证服务系统的用户路由查询接口来查询并获取用户路由信息。

（5）用户点对点地址查询：用户可以凭借自身的令牌和被查询用户的物流交换代码，调用统一认证服务系统的用户点对点地址查询接口来查询并获取用户点对点地址信息。

（6）数据同步：数据同步是指平台管理系统向其以外的系统（如交换服务器、服务商等）同步数据。用户和服务数据变更触发用户服务管理系统中的同步接口将变更数据发送给统一认证服务系统，统一认证服务系统将用户数据和服务配置信息写入 JMS（Java Message Service，Java 消息服务）消息中，平台管理系统以外的系统获取消息，并返回回执消息。标准中给出了用户数据同步和服务配置信息同步的 schema。

数据同步的流程如图 3-22 所示。

3.2.2 数据交换接口

1. 概述

数据交换是"公共平台"为企业之间、企业和公共信息平台之间提供电子单证传输交换和信息共享服务的一种方式和机制。平台数据交换接口主要采用 Web Service 技术，遵循的技术规范有：WSDL（Web Services Description Language，Web 服务的描述语言）、SOAP（Simple Object Access Protocol，简单对象访问协议）、WS-Security（Web Service Security，Web 服务安全）等，并且提供一整套 API（Application Programming Interface，应用程序编程接口），使物流通用软件及其他信息系统可以方便快捷地接入共享平台。

数据交换接口包含交换认证服务和数据交换服务接口两部分。用户在进行数据交换时，需要先完成用户的身份认证，身份认证遵循"公共平台"统一身份认证相关标准。"公共平台"数据交换服务主要包括数据发送、数据接收及接收确认。

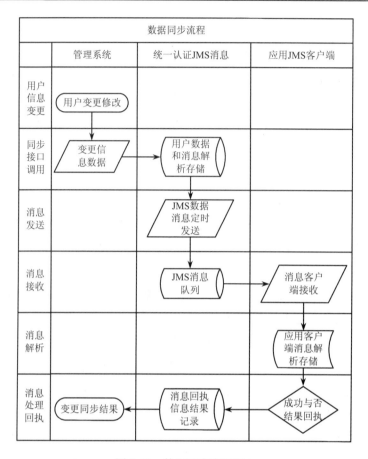

图 3-22　数据同步流程图

2．数据发送服务

数据发送服务是一种基于 Web 的服务，从请求消息和响应消息两部分服务属性进行约定，为企业提供了发送数据的功能，采用异步方式的交换传输技术规范。

1）请求消息

请求消息以 XML 方式描述了通用的存储请求。请求消息由目标地址和交换事件组成，如表 3-8 所示。

表 3-8　数据发送请求消息

中文名称	属性/元素名	数据类型	约束/出现次数	说　　明
目标地址	ToAddress（元素）	String	1..n	数据事件发送的目的地址，可以是单个用户地址，也可以是群组地址
交换事件	ExchangeEvent（元素）	ExchangeEventType（复杂数据类型）	1..n	

2）响应消息

响应消息封装了数据发送请求的返回结果。响应消息包括属性如表 3-9 所示。

表 3-9　数据发送请求消息

中文名称	属性/元素名	数据类型	约束/出现次数	说　明
发送结果	SendResults（元素）	Boolean	1..1	表示发送操作是否执行成功
异常信息	GenericFault（元素）	GenericFaultType（复杂数据类型）	0..1	

3．数据接收服务

数据接收服务是一种基于 Web 的服务，从请求消息和响应消息两部分服务属性进行约定，为企业提供了接收数据的功能，采用异步方式的交换传输技术规范。

1）请求消息

数据接收请求消息以 XML 方式描述了操作的请求数据，消息内容如表 3-10 所示。

表 3-10　数据接收请求消息

中文名称	属性/元素名	数据类型	约束/出现次数	说　明
接收地址	ToAddress（元素）	String	1..1	请求消息中可以指定从哪个地址获取交换事件
接收数量	ReceiveNumber	Int	1..1	接收事件的最大数目。服务端的数目如果小于最大数据，则返回所有事件，默认为 1
超时时间	Timeout	Long	1..1	指定接收消息的超时时间。在指定的时间内没有接收到消息则操作返回，默认为 3 000ms
是否阻塞	ISBloacked	Boolean	1..1	是否阻塞操作的执行直到有消息收到，默认为 false，收不到消息立即返回

2）响应消息

数据接收操作的响应消息封装了数据接收的返回结果，响应消息内容如表 3-11 所示。

表 3-11　数据接收响应消息

中文名称	属性/元素名	数据类型	约束/出现次数	说　明
未处理事件数	TotalEventCount	Int	1..1	指当前地址未被处理的事件数件，默认为 1
接收事件	ReceiveEvent（元素）	ExchangeEventType（复杂数据类型）	0..n	
异常信息	GenericFault（元素）	GenericFaultType（复杂数据类型）	0..1	在捕获输出数据时所发生的所有异常信息

4．接收确认服务

接收确认服务是一种基于 Web 的服务，从请求消息和响应消息两部分服务属性进行约定，为企业提供了确认消息的正确接收，并通知交换中心对消息进行清除处理，采用异步方式的交换传输技术规范。

1）请求消息

接收确认请求消息以 XML 方式描述了操作的请求数据。消息内容包括事件标识、接收地址、是否正确接收、是否删除事件，如表 3-12 所示。

表 3-12　接收确认请求消息

中文名称	属性/元素名	数据类型	约束/出现次数	说　　明
事件标识	EventID（元素）	String	1..n	交换事件的唯一标示
接收地址	ToAddress（元素）	String	1..1	接收地址名称
是否正确接收	ISSuccessReceive	Boolean	1..1	标示物流通用软件和重要物流及相关信息系统是否正确接收到消息
是否删除事件	ISDeleteEvent	Boolean	0..1	通知交换中心是否删除此事件

2）响应消息

接收操作的响应消息封装了接收确认操作的返回结果，响应消息包括的属性如表 3-13 所示。

表 3-13　接收确认响应消息

中文名称	属性/元素名	数据类型	约束/出现次数
确认结果	ConfirmResult（元素）	Boolean	0..n
异常信息	GenericFault（元素）	GenericFaultType（复杂数据类型）	0..1

5. 数据类型定义

XML Schema 中的数据类型可分为简单类型和复合类型，其中简单类型是不能分割的原子信息；复合类型类似于编程语言中的自定义类型，它是由已存在的简单类型组合而成。

1）简单数据类型

简单数据类型主要包含以下几种。

- String：字符串类型，表示 XML 中任何的合法字符串。
- Boolean：布尔型，表示二进制逻辑，true 或 false。
- Base64Binary：表示任意 base64 编码的二进制数。
- Date：表示 CCYY-MM-DD 格式的日期。
- Time：表示 HH:MM:SS 格式的时间。
- DateTime：表示格式为 CCYY-MM_DDThh:mm:ss 的时间。
- Int：整数型。

2）复杂数据类型

交换事件数据类型具体定义如表 3-14 所示。

3）接收事件数据类型

接收事件数据类型在交换事件类型基础之上增加了接收时间属性，具体定义如表 3-15 所示。

表 3-14　交换事件数据类型定义

中文名称	属性/元素名	数据类型	约束/出现次数	说　明
事件标识	EventID（元素）	String	1..1	交换事件的唯一标识
操作类型	ActionType	String	1..1	唯一标识交换活动的事件活动类型，可以是转发数据或者调用服务
交换数据包	ExchangeDataPackage（元素）	ExchangeDataPackageType（复杂数据类型）	1..1	
扩展属性	ExtendAttribute（元素）	任何类型	0..1	可自定义任何类型进行属性设置

表 3-15　接收时间属性定义

中文名称	属性/元素名	数据类型	约束/出现次数
接收时间	ReceivedTime	DateTime	1..1

4）通用异常数据类型

通用异常数据类型规定了一般的异常的表示方法，本规范规定通用异常包括异常编码和异常错误信息，它的属性定义如表 3-16 所示。

表 3-16　异常数据类型定义

中文名称	属性/元素名	数据类型	约束/出现次数	说　明
异常编码	Code（元素）	String	1..1	异常的错误代码。本规范不限定任何错误代码
异常信息	ErrorMessage（元素）	String	1..1	异常发生的原因的详细信息

6. 数据包格式

数据包格式定义了系统间进行数据交换时基于消息机制的数据包表示格式。本部分在使用国标已经定义的数据接口模型的基础上，进行补充、细化，以增强表达大量数据集合、非结构化数据文件以及多种格式数据的能力，同时扩充了交换的数据的元数据信息。

业务接口报文格式采用 XML 格式，同时平台也支持文本文件、Excel 文件等数据格式文件，用于完成各种异构数据的采集、转换、加载和发布功能。

1）交换数据包

交换数据包是数据交换中具有完整业务含义的政务信息资源集合单位。完整业务含义是从业务角度来定义的，通常由若干种类型的数据包单元组成，如某次交换的企业基本信息、企业年检信息以及企业处罚信息。交换数据包由表 3-17 中的属性组成。

表 3-17　交换数据包属性表

中文名称	属性/元素名	数据类型	约束/出现次数	说　明
交换数据报标识	PackageID	String	1..1	唯一标示一个数据交换包的 ID，要求在时间上和空间上唯一

续表

中文名称	属性/元素名	数据类型	约束/出现次数	说明
交易标识	TransactionID	String	1..1	唯一标示一次数据交换交易的ID，要求在时间上和空间上唯一。交易ID标示了交换数据包之间的业务关联性，体现了业务完整性
创建时间	CreateTime	DateTime	1..1	交换数据包创建的时间
失效时间	ExpireTime	DateTime	0..1	交换数据包数据有效的时间。不指定该时间表示永久有效
标题	Title	String	1..1	交换数据包的描述性名称
数据包单元	ExchangeDataPackageUnit（元素）	ExchangeDataPackageUnitType（复杂数据类型）	1..n	

2）数据包单元

数据包单元是特定结构的数据集合，由描述信息和数据包组成。通过分组标示，可将不同的数据包组织在一起，在相同组中的数据包可以拥有相同的或不同的数据结构。在数据包中兼容了国标中定义的数据接口模型，同时也针对数据文件定义了相应的表示方法。数据包单元包括的属性如表3-18所示。

表3-18 数据包单元属性表

中文名称	属性/元素名	数据类型	约束/出现次数	说明
分组标识	GroupID	String	1..1	在一个交换数据包中唯一标示一个分组的标识符
分组大小	GroupSize	Int	1..1	表示组成员的数量。数据包单元在组织形式上以组为单位进行存放，相同组的数据包单元应当连续存放
组内序号	SequenceInGroup	Int	1..1	数据包单元作为组成员的顺序号
包单元 ID	UnitID	String	1..1	数据包单元的唯一标识符。该标识符要求在一个交换数据包中不重复
数据来源	Source	String	1..1	表示数据包单元的数据来源的描述性信息
实体标识名	EntityIDName	String	1..1	确定一个数据实体的唯一逻辑标识符。对于没有预定义的数据实体，以 Unknown 字符串来表示
实体显示名	EntityDispName	String	0..1	数据实体用于显示的名称，要求不同结构的数据实体必须采用不同的显示名称
创建时间	CreateDate	DateTime	1..1	数据包单元的创建时间
失效时间	ExpireDate	DateTime	0..1	数据包单元数据失效的时间。不指定该属性表示永不失效
国标业务数据	BusinessData（元素）	egsbd:BusinessDataType（复杂数据类型）	0..1	基于国标交换体系的数据接口规范定义数据的表示。本规范通过引入的该结构兼容了国标中对交换数据的格式要求

续表

中文名称	属性/元素名	数据类型	约束/出现次数	说　明
数据文件	DataFile（元素）	DataFileType （复杂数据类型）	0..1	数据文件是指数据包单元中的数据是以文件方式存在。结构化和非结构化数据都可以采用数据文件作为数据包中数据的组织方式

3）国标交换数据接口模型

国标业务数据是指国标交换体系中定义的数据接口模型。该模型用于在不同系统间进行信息交换时封装交换信息内容，可支持结构化数据、非结构化数据的封装。

数据接口模型由数据结构、数据集、附件集组成。数据结构是可选元素，元素名称是 DataStructure，用来描述交换信息内容的结构信息。数据集是可选元素，元素名称是 DataSet，用来封装结构化数据。附件集是可选元素，元素名称是 Attachments，用来表示非结构化数据。数据集和附件集可以同时出现，也可以单独出现。

4）数据文件

数据文件是数据包单元中封装交换数据包的一种方式。这种方式封装的结果是将数据（包括结构化数据）以文件的方式表示，因此称为"数据文件"。

非结构化数据本来就是以文件方式存在，此时封装仅指提供一些描述信息，并不处理文件内容。结构化数据一种是采用国标业务数据的表示方式，另一种是将其序列化为某种格式的数据文件，然后再进行交换。

数据文件的属性如表 3-19 所示。

表 3-19　数据文件属性表

中文名称	属性/元素名	数据类型	约束/出现次数	说　明
文件标识	DataFileID	String	1..1	在一个交换数据包中唯一标示一个数据文件的标识符
文件名	FileName	String	1..1	数据文件的文件名称。此文件名称不携带任何路径信息
文件格式	DataFileFormat	String	1..1	文件所采用的格式。对于非结构化数据文件可以参考 MIME 中规定的类型。对于结构化数据文件可以在交换中协商确定
嵌入式内容	Base64EncodedData （元素）	Base64Binary	1..1	以 Base64 编码方式将数据文件内容直接存放在此元素下。对于超过一定大小的嵌入式内容不建议使用此种方式，而应使用数据附件方式
数据附件	AttachmentData（元素）	Base64Binary	1..1	文件以消息附件的方式进行引用

3.2.3　服务交换接口

1. 概述

服务交换是物流公共信息平台为企业之间、企业和公共信息平台之间提供信息服务的一种方式和机制，采用同步通信的方式实现。

物流行业中的各类信息服务平台和信息系统拥有大量信息资源并提供信息服务，为规范这些服务的提供方式、数据格式以及互相调用服务的流程等，"公共平台"制定了服务交换接口标准（名称为《服务功能调用接口技术要求》，本书中提到的"服务功能调用"或"服务功能调用接口"都指服务交换接口）。遵循该标准，不同企业之间、企业和公共信息平台之间可以方便实现信息服务资源有效并按照统一规范共用。

服务功能调用接口提供统一的 API（Application Programming Interface，应用程序接口），使服务功能调用的提供方和调用方可以方便快捷地进行互联。服务交换接口采用 Web Service 技术，各种参数格式采用 XML。服务功能调用关系如图 3-23 所示。

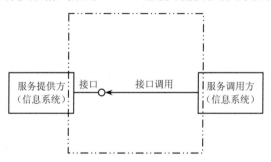

图 3-23　服务功能调用关系图

如图 3-23 所示，服务调用方（Service Caller，指服务功能调用中调用其他单位提供的信息服务的一方，可以是企业、各种应用集成商或者"公共平台"的信息系统）通过接口调用提交"请求参数"；服务提供方（Service Caller，指服务功能调用中调用其他单位提供的信息服务的一方，可以是企业、各种应用集成商或者"公共平台"的信息系统）根据"请求参数"对所需的信息进行处理和整合，并通过接口返回"响应结果"提供服务；服务调用方解析"响应结果"，获取需要的信息。

用户在进行服务交换时，同数据交换一样，需要先完成用户的身份认证，身份认证遵循"公共平台"统一身份认证相关标准。

2．标准内容

1）服务功能调用接口

不同应用系统之间（包括服务提供方和服务调用方）通过服务功能调用接口（API），实现双方同步通信，完成服务功能调用。

服务功能调用接口格式：响应结果　接口名称(请求参数)

格式样式：response InterfaceName(request)

其中，"接口名称"是服务功能调用的统一入口，"接口名称"固定为"InterfaceName"。具体的服务功能根据各个服务的服务类型代码（ServiceType）和操作类型代码（ActionType）确定。

　　"请求参数"是接口的输入参数，"响应结果"是接口的输出参数；"请求参数"和"响应结果"分别都是一个 XML 报文。"请求参数"和"响应结果"的报文采用统一的格式。

　　2）请求参数

　　每个服务功能调用接口中的"请求参数"报文结构及属性说明如表 3-20 所示。

表 3-20　　"请求参数"报文结构及属性说明

序号	报文层	分类编号	英文名称	中文名称	约束/出现次数	数据格式	引用文件	说　　明
1	1		Root	根	1..1			例如 "soap:Envelope"
2	2		Header	头	1..1			例如 "soap:Header"
3	3		Security	安全认证信息	0..1			
4	4	WL1000913	LogisticsExchangeCode	物流交换代码	0..1	an..20		服务请求方的物流交换代码
5	4	WL0900863	UserTokenID	用户令牌	0..1	an..100		
6	2		Body	报文体	1..1			例如 "soap:Body"
7	3		InterfaceName	函数名称	1..1			
8	4		Authentication	用户认证信息	0..1			服务提供者的用户认证信息
9	5	WL0900852	UserName	用户名	0..1	an..17		服务请求方在服务提供方注册的用户名
10	5	WL0900856	UserPassword	用户密码	0..1	an..17		
11	4		PublicInformation	公共信息	1..1			服务功能调用接口的公共请求参数
	5	WL0100007	EventIdentifier	事件标识符	0..1	an..35		事件 ID
12	5		ServiceType	服务类型代码	1..1	an..6		代码及服务如下： 1：寻址服务 2：访问统计服务 3：一般业务服务
13	5	WL0900815	ActionType	操作类型代码	1..1	an..70		标示一个服务功能调用的具体业务类型，在对应业务标准中指定
14	5		Providerlist	提供商列表	0..n			调用寻址和整合服务时提供
15	6	WL1000913	LogisticsExchangeCode	物流交换代码	1..1	an..20		服务提供方物流代码
16	5	WL0900842	Remark	备注	0..1	an..256		
17	4		BusinessInformation	业务信息	0..1	UI		服务功能调用接口的业务请求参数，具体内容与"操作类型代码"一一对应 本部分采用 base64 编码后嵌入报文

　　"请求参数"报文结构体中"业务信息"是每个服务所需要的业务部分的请求信息，

采用 base64 编码后放到报文段组。业务信息编码前也是标准的 XML 报文，具体结构和内容根据不同的服务而定。

3）响应结果

每个服务功能调用接口中的"响应结果"报文结构及属性说明如表 3-21 所示。

表 3-21   "响应结果"报文结构及属性说明

序号	报文层	分类编号	英文名称	中文名称	约束/出现次数	数据格式	引用文件	说　明
1	1		Root	根	1..1			例如"soap:Envelope"
2	2		Body	报文体	1..1			例如"soap:Body"
3	3		InterfaceNameResponse	接口响应信息	1..1			
4	4	WL0100007	EventIdentifier	事件标识符	0..1	an..35		事件 ID
	4		GenericResult	结果信息	1..1			
5	5	WL0900847	ResultCode	结果代码	1..1	n1	见 JT/T 919—2014 的 7.22	服务调用结果
6	5	WL0900923	ExceptionInformationCode	异常信息代码	0..1	an..6	见 JT/T 919—2014 的 7.26	结果代码为 0 时必填
7	5	WL0900922	ExceptionInformation	异常信息	0..1	an..20		
8	5	WL0900842	Remark	备注	0..1	an..256		
	5		ResultInformation	结果内容	0..n			
	6	WL1000913	LogisticsExchangeCode	物流交换代码	0..1	an..20		服务提供方的物流交换代码
9	6		BusinessInformation	业务信息	1..1	ul		服务功能调用接口的业务返回信息，具体内容与"操作类型代码"一一对应 本部分采用 base64 编码后嵌入报文

"响应结果"报文结构体中"业务信息"是每个服务所对应的业务部分的响应信息，采用 base64 编码后放到报文段组。业务信息编码前也是标准的 XML 报文，具体结构和内容根据不同的服务而定。

3. 标准示例

针对服务交换，"公共平台"提供了寻址、服务整合以及访问统计三个固有服务，同时访问统计也是各个服务提供方需要提供的固有服务。这些服务都遵循"公共平台"的服务交换接口标准进行定义，可作为服务交换接口的标准样例。

1）寻址服务功能调用

（1）服务功能。该寻址服务是实现所有在"公共平台"注册的服务功能调用接口地址查询功能。服务调用方可通过本寻址服务获取注册在"公共平台"的各类服务功能调用接口地址。服务调用方可以通过操作类型代码、指定的服务提供方等条件进行查询，可以查询某一类服务的各个服务提供方发布的服务功能调用接口地址，也可以直接查询某一个服务提供方的地址。

（2）操作类型代码。寻址服务没有对应的操作类型代码。

（3）请求参数。请求参数与通用请求参数的报文结构相同，如表 3-20 所示。

（4）响应结果。服务调用方通过调用服务提供方的服务功能调用接口返回响应结果（见表 3-21），在响应结果的业务信息（Business Information）中嵌入寻址服务的响应结果信息，其结构及属性说明如表 3-22 所示。

表 3-22　寻址服务响应结果报文结构及属性说明

序号	报文层	分类编号	英文名称	中文名称	约束/出现次数	数据格式	引用文件	说　　　明
1	1		ResultsInfomation	返回信息	0..n			可返回多条寻址信息
2	2	WL0900815	ActionType	操作类型代码	0..1	an..70		
3	2		ProviderInfomation	提供商信息	0..n			可以多个提供商信息
4	3	WL1000913	LogisticsExchangeCode	物流交换代码	1..1	an..20		提供方物流交换代码
5	3	WL0300910	ProviderName	提供者名称	1..1	an..100		
6	3	WL0300906	NetworkAccessAddress	网络访问地址	1..1	ul		服务商提供的服务接口访问地址
7	3	WL0900842	Remark	备注	0..1	an..256		

2）整合服务功能调用

（1）服务功能。该整合服务是通过一次查询同时获取同一类服务的多个服务提供方的响应结果，整合服务方可通过同样的请求参数向多个服务提供方进行访问，并对访问结果进行整合，最后通过响应结果统一反馈给服务调用方。服务调用方可以通过操作类型代码、指定的服务提供方、具体业务请求参数等条件进行查询，可以查询某一类服务的所有服务提供方，也可以直接查询某一个服务提供方的信息。

"公共平台"提供本服务，其他服务提供方也可以按照本标准提供一类或多类业务的服务功能调用整合服务。

（2）操作类型代码。整合服务没有对应的操作类型代码。

（3）请求参数。请求参数与通用请求参数的报文结构相同，如表 3-20 所示。

（4）响应结果。服务调用方通过调用服务提供方的服务功能调用接口返回响应结果（见表 3-21），在响应结果的业务信息（Business Information）中嵌入服务功能调用整合服务的响应结果信息，其结构及属性说明如表 3-23 所示。

表 3-23　整合服务响应结果报文结构及属性说明

序号	报文层	分类编号	英文名称	中文名称	约束/出现次数	数据格式	引用文件	说　　明
1	1		ResultsInfomation	返回信息	0..n			
2	2		ProviderInfomation	提供商信息	0..1			
3	3	WL1000913	LogisticsExchangeCode	物流交换代码	1..1	an..20		服务提供方物流交换代码
4	3	WL0300910	ProviderName	提供者名称	1..1	an..100		
5	3	WL0900923	ExceptionInformationCode	异常信息代码	0..1	an..6		服务提供方返回
6	3	WL0900922	ExceptionInformation	异常信息	0..1	an..20	见 JT/T 919 —2014 的 7.26	服务提供方返回
7	3	WL0900842	Remark	备注	0..1	an..256		
8	2		BusinessInformation	业务信息	1..1			同通用响应结果的业务信息

3）访问统计服务功能调用

（1）服务功能。该访问统计服务实现服务提供方的服务被访问次数的统计功能。包括总访问量、年度访问量、月度访问量、周访问量、当日访问量与昨日访问量。

所有服务提供方的每一个服务功能调用接口都应提供本服务。

（2）操作类型代码。统计访问服务没有对应的操作类型代码。

（3）请求参数。请求参数与通用请求参数的报文结构相同，如表 3-20 所示。

（4）响应结果。访问统计服务调用方通过调用服务提供方的服务功能调用接口返回响应结果（见表 3-21），在响应结果的业务信息（Business Information）中嵌入访问统计的响应结果信息，其结构及属性说明如表 3-24 所示。

表 3-24　访问统计响应结果报文结构及属性说明

序号	报文层	分类编号	英文名称	中文名称	约束/出现次数	数据格式	引用文件	说　　明
1	1		ResultsInfomation	返回信息	1..n			
2	2	WL0600873	StatisticTypeCode	统计类型代码	1..1	an..6		各种访问统计量的代码： 101　总访问量 102　年度访问量 103　月度访问量 104　周访问量 105　当日访问量 106　昨日访问量
3	2	WL0600060	Quantity	量	1..1	an..35		对应统计类型代码的访问统计量

3.2.4　信息安全管理

1. 概述

现代物流正在向信息化、自动化、网络化和智能化的方向发展，越来越依赖于网络传输信息的安全性能。由于网络具有开放性和匿名性，其安全问题变得越来越突出。物流信息在网络传输过程中遭到拦截、窃取、篡改、盗用、监听等恶意破坏，容易造成重大经济损失，已经成为物流信息安全的最大隐患。大数据、云计算、移动终端等新技术的广泛应用，更是加剧了物流信息安全问题。

国家交通物流公共信息平台主要为行业管理部门、货运企业、仓储、物流基地企业及社会公众提供信息交换共享服务，为保证信息采集、传输、交换和共享过程的安全性，保障物流公共信息平台重大基础设施、重要业务系统和重点领域应用的安全可控，以国家信息安全等级保护相关要求为依据，积极开展安全保障体系建设是非常必要的。

解决信息系统的安全问题，成败通常取决于两个要素：技术和管理。技术和管理是相互结合的，一方面，安全防护技术措施需要安全管理措施来加强，另一方面技术也是对管理措施贯彻执行的监督手段。安全管理体系与安全技术体系相互配合，增强技术防护体系的效率和效果，同时也弥补当前技术无法完全解决的安全缺陷。

国家物流公共信息平台信息安全管理体系充分参考和借鉴了国际信息安全管理标准BS7799（ISO17799）的建议和国家《信息技术　安全技术　信息安全管理实用规则》、《信息技术　安全技术　信息安全管理体系要求》、《信息安全技术　信息系统安全保障评估框架　第 3 部分：管理保障》、《信息安全技术　信息系统安全管理要求》的要求，立足国家交通运输物流公共信息平台信息保障体系建设客观需求，以战略思维、全局视野对行业信息安全管理的各方面、各层次、各要素进行统筹考虑，以事前预防预警、事中应急处置、事后恢复全面控制，以信息系统规划、设计、实施、运维及废弃全生命周期关键环节整体把控为目标，健全信息安全管理组织机构，完善行业信息安全管理制度体系。

2. 信息安全管理目标

国家交通运输物流公共信息平台信息安全管理规范主要用于指导平台信息安全管理工作，规定平台信息安全管理基本要求，将信息安全管理同信息系统生命周期相结合，通过在信息系统生命周期的不同阶段进行不同的信息系统安全保障管理实践，并将管理实践建立体系化的文档框架，实现以下目标：

（1）指导物流公共信息平台信息安全保障体系的规划和实施，定义一套规则来规范信息安全体系的建设、运行和管理；

（2）规范物流公共信息平台信息安全保障体系建设涉及的所有人员行为，明确任务，落实信息安全责任；

（3）明确过程实施步骤、内容、结果，并通过实施手册和指南定义具体操作内容和步骤，引导正确执行工作。

3. 总体框架

信息安全管理以信息系统全生命周期关键节点安全控制为切入点，通过程序化可执行文件进行管理实践指导。总体框架如图3-24所示。

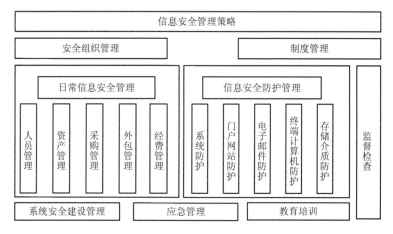

图 3-24 信息安全管理制度体系总体框架

1）信息安全策略

信息安全策略是一切国家交通运输物流公共信息平台信息安全保障活动的基础和出发点，指导平台信息安全保障体系的开发和实施，为信息安全建设和实施指明方向。信息安全策略应包含国家交通运输物流公共信息平台信息安全整体建设目标，安全技术策略，以及相应的管理策略。总体安全策略一方面应体现平台信息化建设中安全问题的针对性，另一方面也充分基于现有的信息安全领域的安全模型和技术支持能力，具备可行性、针对性和前瞻性。

2）信息安全组织管理

主要用于指导国家物流公共信息平台信息安全管理组织机构建设及职责划分。信息安全管理组织机构建设的要求、机构职责、关键岗位设置等应在信息安全组织管理中体现。安全组织机构需要协调信息安全监管部门与其他部门之间的关系，保证信息安全工作的人力资源要求，避免由于人员和组织上的错误产生的信息安全风险。具体内容包括：

（1）应加强领导，落实责任，完善措施，建立健全信息安全责任制和工作机制；

（2）明确主管领导，负责交通运输物流公共信息平台信息安全管理工作，根据国家法律法规及行业信息安全管理有关要求，结合实际组织制定信息安全管理制度，完善技术防护措施，协调处理重大信息安全事件；

（3）指定机构，具体承担信息安全管理工作，负责组织落实信息安全管理制度和信息安全技术防护措施，开展信息安全教育培训和监督检查等；

（4）指定专职或兼职信息安全员，负责日常信息安全督促、检查、指导工作，信息安全员应当具备较强的信息安全意识和工作责任心，掌握基本的信息安全知识和技能；

（5）系统业务部门应指定安全联络员，协调本部门资源配合安全管理机构开展相关安全工作。

3）信息安全制度管理

信息安全制度管理用于规范国家交通运输物流公共信息平台信息安全管理相关制度的起草、审核、印发、版本控制等流程。具体要求如下：

（1）应制定交通运输物流公共信息平台信息安全工作的总体策略和目标，明确信息安全工作的建设方针、原则、主要任务和原则，明确交通运输物流公共信息平台信息安全保护边界、范围和对象，并应声明自身的地位和作用；

（2）应建立健全信息安全相关管理制度，定义规则以规范信息安全体系的建设、运行和管理，规范信息安全保障体系建设涉及的所有人员行为并落实信息安全责任，明确管理过程实施步骤、内容、结果，并通过实施手册和指南定义具体操作内容和步骤，引导正确执行工作；

（3）交通运输物流公共信息平台信息安全管理相关制度起草、审核、印发、版本控制等流程应规范化。

4）日常信息安全管理

日常信息安全管理用于指导平台对人员、资产、采购、外包等的安全管理，并保证信息安全工作经费投入。具体如下：

（1）人员管理。

① 应建立健全岗位信息安全责任制度，明确岗位及人员的信息安全责任，重点岗位的计算机使用人员应签订信息安全与保密协议，明确信息安全与保密要求和责任；

② 应制定并严格执行人员离岗离职信息安全管理规定，人员离岗离职时应终止信息系统访问权限，收回各种软硬件设备及身份证件、门禁卡等，并签署安全保密承诺书；

③ 应建立外部人员访问机房等重要区域审批制度，外部人员须经审批后方可进入，并安排本单位工作人员现场陪同，对访问活动进行记录并留存；

④ 应对信息安全责任事故进行查处，对违反信息安全管理规定的人员给予严肃处理，对造成信息安全事故的依法追究当事人和有关负责人的责任，并以适当方式通报。

（2）资产管理。

① 应建立并严格执行资产管理制度；

② 应指定专人负责资产管理；

③ 应建立资产台账（清单），统一编号、统一标识、统一发放；

④ 应及时记录资产状态和使用情况，保证账物相符；

⑤ 应建立并严格执行设备维修维护和报废管理制度。

（3）采购管理。

① 应采购安全可控的信息技术产品和服务，必要时，应进行采购产品和服务的安全性评估；

② 接受捐赠的信息技术产品，使用前应进行安全测评，并与捐赠方签订信息安全与保密协议。

（4）外包管理。

① 应建立并严格执行信息技术外包服务安全管理制度；

② 应与信息技术外包服务提供商签订服务合同和信息安全与保密协议，明确信息安全与保密责任；

③ 信息技术外包服务人员现场服务过程中应安排专人陪同，并详细记录服务过程；

④ 外包开发的系统、软件上线应用前应根据国家相关要求进行信息安全等级保护安全测评，明确开发方应提供的系统、软件的升级、漏洞等信息和相应服务要求；

⑤ 信息系统运维外包不得采用远程在线运维服务方式。

（5）经费管理。

① 应严格落实信息安全经费预算，保证信息安全经费投入；

② 应将信息安全设施运行维护、日常信息安全管理、信息安全教育培训、信息安全检查、信息安全风险评估、信息系统等级测评、信息安全应急处置等费用纳入交通运输物流公共信息平台年度预算；

③ 应加强信息安全经费使用监督检查。

5）信息安全防护管理

信息安全防护管理是为实现交通运输物流公共信息平台本地计算环境、区域边界、网络和基础设施、支持性基础设施安全防护，加强防病毒、防漏洞、防入侵、防泄漏等管理。具体如下：

（1）网络边界防护管理。

① 明确交通运输物流平台办公网、业务网、互联网网络划分，加强边界防护；

② 建立交通运输物流公共信息平台接入审批和登记制度，严格控制接入口数量，加强接入口安全管理和安全防护；

③ 应采取访问控制、安全审计、边界完整性检查、入侵防范、恶意代码防范等措施，进行网络边界防护；

④ 应根据承载业务的重要性对网络进行分区分域管理，采取必要的技术措施对不同网络分区进行防护、对不同安全域之间实施访问控制；

⑤ 应对网络日志进行管理，定期分析，及时发现安全风险。

（2）信息系统防护管理。

① 应根据信息系统安全等级，从身份鉴别、访问控制、安全审计、剩余信息保护、通信完整性、抗抵赖、软件容错及资源控制等方面采取相应的安全防护手段；

② 定期对交通运输物流公共信息平台运行的所有信息系统面临的安全风险和威胁、薄弱环节以及防护措施的有效性等进行分析评估；

③ 应加强平台信息系统应用框架漏洞防护。

（3）门户网站防护管理。

① 应组织专业技术机构进行网站安全测评，对新增应用要进行安全评估；

② 应定期对网站链接进行安全性和有效性检查；

③ 应采取必要的技术措施，提高网站防篡改、防攻击能力，加强网站敏感信息保护；

④ 应建立完善网站信息发布审核制度，明确审核程序，严格审核流程。

（4）电子邮件防护管理。

① 应加强电子邮箱系统安全防护，采取反垃圾邮件等技术措施；

② 规范电子邮箱注册管理，原则上只限于国家物流平台工作人员注册使用；

③ 应严格邮箱账户及口令管理，采取技术和管理措施确保口令具有一定强度并定期更换。

（5）终端计算机防护管理。

① 制定终端计算机防护管理规定，明确集中管理方式、内容，落实管理责任；

② 应对接入互联网的终端计算机采取控制措施。

（6）存储介质防护管理。

应制定交通运输物流公共信息平台存储介质防护管理规定，明确存储介质定义，明确管理内容、管理形式和要求。

6）信息系统安全建设管理

信息系统安全建设管理主要是对平台信息化项目建设流程控制、开发、产品采购使用、入网试运行、测试及验收安全管理以及建设实施的合规性进行管理，确保符合国家法律、法规的要求，且平台信息安全方针、规定和标准得到了遵循。具体要求如下：

（1）应严格落实信息系统等级保护制度，完成定级、备案、测评、监督检查、整改等工作；

（2）开展信息化建设应按照同步规划、同步建设、同步运行的原则，同步规划、设计、建设、运行、管理信息安全设施，建立健全信息安全防护体系；

（3）应制定信息系统安全建设管理规范，指导系统规划设计审核、系统实施监管、新改扩建信息系统（或新增应用）入网运行安全管理流程及验收工作开展。

7）信息安全应急管理

应急管理是通过建立必要的应对机制，采取一系列必要措施，在信息安全事件的事前预防、事中处置和事后恢复过程中保障信息安全的有关活动，以最大限度地减少由于信息安全受到侵害所造成的损失。信息安全应急管理主要规范平台突发安全事件处置流程，落实应急处置责任，完善应急处置工作机制，提高平台应对网络安全突发事件的组织协调能力，最大限度降低预防和减少突发事件造成的损失和危害。主要要求如下：

（1）建立健全信息安全应急工作机制；

（2）制定信息安全事件应急预案，明确预案评估和修订要求；

（3）组织开展应急预案的宣贯培训；

（4）信息安全应急演练要求；

（5）建立信息安全事件报告和通报机制，提高预防预警能力；

（6）制订详细的安全事件的应急响应计划，包括安全事件的检测、报告、分析、追查和系统恢复等内容；

（7）明确应急技术支援队伍，做好应急技术支援准备；

（8）做好信息安全应急物资保障。

8）信息安全教育培训

信息安全教育培训一方面为提高平台相关人员信息安全意识，另一方面应提升信息安全管理与技术岗位人员专业技能。具体要求如下：

（1）应该建立专门的机构和岗位，负责安全教育与培训计划的制订和执行；

（2）应当制订详细的安全教育和培训计划，对信息安全技术和管理相关人员进行安全专业知识和技能培训，对普通用户进行安全基础知识、安全策略和管理制度培训，提高人员的整体安全意识和安全操作水平；

（3）应记录并保存信息安全教育培训、考核情况和结果。

9）信息安全检查

通过信息安全检查工作，以查促建、以查促管、以查促改、以查促防，深入分析安全风险，系统评估安全状况，全面排查安全隐患，提升平台信息安全意识，落实安全责任，进一步健全安全管理制度，完善安全防护措施，预防和减少网络安全事件的发生，切实保障行业重要网络与信息系统安全稳定运行。具体要求如下：

（1）每年进行一次全面的信息安全检查，重点检查办公系统、业务系统、门户网站的安全防护情况；

（2）应重视安全技术检测，采取必要的技术检测手段对门户网站、服务器、终端计算机等进行安全检测。可根据需要委托符合要求的检测机构进行技术检测；

（3）加强安全检查过程中的保密管理和风险控制，严格检查人员、有关文档和数据的安全保密管理，制定安全检查应急预案，确保被检查信息系统的正常运行；

（4）应对安全检查中发现的问题进行分析研判，制定整改措施并及时整改；对年度安全检查情况进行全面总结。

3.3   平台应用与服务规范

3.3.1   跟踪服务规范

1．概述

物流跟踪中心是物流公共应用中心重要的对外应用服务之一，是基于平台负责交换的电子单据（包括托运单、作业单等运输企业的业务单据）数据，并整合外部相关车辆定位服务商、电子口岸通关服务平台、港口 EDI 服务平台、集装箱跟踪增值服务商等，提供陆运、海运、空运、铁路等物流状态的静态跟踪、动态跟踪及相关增值服务的公共应用系统。

2．应用场景

道路运输企业及相关企业在运输过程中，将货物托运概要信息、运输状态变化信息、车辆实时位置、货物签收情况等信息汇聚到货物跟踪应用，货物跟踪服务统一对外提供货物状态查询接口。货物跟踪应用由增值服务商提供。该互联场景是可选场景，企业可根据实际应用需求选择使用，如图 3-25 所示。

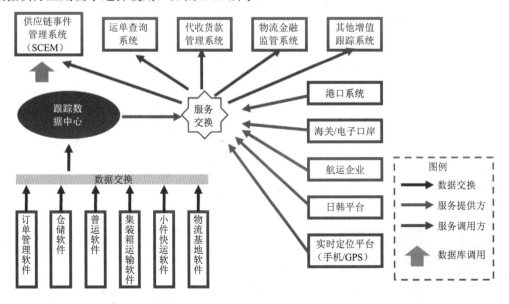

图 3-25   物流跟踪服务应用场景

3．标准介绍

跟踪应用服务规范给出了普通运输跟踪托运单、物流跟踪状态单的业务报文上传和运单状态、车辆实时定位的信息查询服务调用接口。适用于物流公共信息平台的跟踪信息的服务与应用接口的设计、开发与应用。

跟踪应用服务规范主要内容如下：

1）业务报文上传

（1）普通运输跟踪托运单上传：物流企业进行普通运输托运货物受理时生成托运单，并将托运单中相关明细生成普通运输跟踪托运单发送给物流公共信息平台。普通运输跟踪托运单包含的信息有托运单号、托运人信息、收货人信息、货物信息等。

（2）物流跟踪状态单上传：当物流状态发生改变时，物流企业需将此物流状态变化的情况生成物流跟踪状态单上传到物流公共信息平台。物流跟踪状态单包含的信息有托运单号、货物信息、货物状态、承运车辆信息、状态生成的时间等。

2）服务调用接口

（1）运单状态查询：运单状态查询服务调用是服务需求方通过运单号和承运方的物流交换代码向跟踪服务提供商进行查询，获取与该运单号相关的多个运输状态信息。

（2）车辆实时定位信息查询：车辆实时定位信息查询服务调用是服务需求方通过车辆牌照号和牌照类型代码向定位服务提供商进行查询，获取与车辆牌照号相关的定位信息。

4．标准示例

现以物流跟踪状态单上传及运单查询为例，对业务报文上传和服务调用接口两种方式的具体内容进行说明。

1）物流跟踪状态单上传

物流跟踪状态单上传报文结构如表 3-25 所示。

表 3-25　物流跟踪状态单上传报文结构

序号	报文层 Level	分类编号	英文名称	中文名称	约束/出现次数	数据格式	引用文件	说　明
1	1		Root	根	1..1			
2	2		Header	报文头	1..1			
3	3	WL0000062	MessageReferenceNumber	报文参考号	1..1	an..35		报文的唯一标识符
4	3	WL0100000	DocumentName	单证名称	1..1	an..35		单证的中文名称"物流跟踪状态单"
5	3	WL0000052	DocumentVersionNumber	报文版本号	1..1	an..17		
6	3	WL0900813	SenderCode	发送方代码	1..1	an..20		发送方的物流交换代码
7	3	WL0900817	RecipientCode	接收方代码	0..1	an..20		
8	3	WL0200863	MessageSendingDateTime	发送日期时间	1..1	n14		上传时的程序系统时间

续表

序号	报文层Level	分类编号	英文名称	中文名称	约束/出现次数	数据格式	引用文件	说　明
9	3	WL0100225	MessageFunctionCode	报文功能代码	0..1	an..3	采用 GB/T 16833—2011 的 1225	指示报文功能的代码
10	2		Body	报文体	1..1			
11	3	WL0100802	ShippingNoteNumber	托运单号	0..1	an..20		运输企业产生的托运单号
12	3	WL0100820	OriginalDocumentNumber	原始单号	0..1	an..35		国内:物流跟踪托运单(或普运跟踪托运单)的单号;国际:一代发出(或二代发给一代的委托单号)
13	3	WL0100804	LadingBillNumber	提单号	0..1	an..20		为提单指定的单证号
14	3	WL0300465	InHouseIdentifier	内部标识符	0..1	an..9		表示托运事件所处业务流程的代码。国内运输可不填,出口运输货代必填
15	3	WL0300878	Shipper	托运人	0..1	an..100		托运方名称,可以是货主或货代
16	3	WL0300879	ShipperCode	托运人代码	0..1	an..50		企业对托运人的自定义代码
17	3	WL0800913	TransportStatusCode	运输状态代码	1..1	an..3	见 JT/T 919.1—2014 的 7.14	表示货物在各运输环节中的状态代码
18	3	WL0200867	StatusChangeDateTime	状态变更日期时间	1..1	n14		状态变更发生的日期时间
19	3	WL0300224	PlaceOrLocation	地点/位置	1..1	an..256		状态变更的地点或位置
20	3	WL0300225	PlaceOrLocationIdentification	地点/位置标识	0..1	an..35		企业自行编制的状态变更地点编码
21	3	WL0300404	NameOfPerson	姓名	1..1	an..30		状态变更的操作人(关系人)姓名
22	3	WL0200349	EstimatedArrivalDateTime	预计抵达日期时间	0..1	n14		
23	3	WL0100004	DocumentNumber	单证号	0..1	an..35		上传企业自定义的单证号,如进仓编号、入库通知单号、运单号等
24	3	WL0900842	Remark	备注	0..1	an..256		描述变更的原因等备注信息

序号	报文层 Level	分类编号	英文名称	中文名称	约束/出现次数	数据格式	引用文件	说　明
25	3		GoodsInfo	货物信息	0..n			
26	4	WL0700002	DescriptionOfGoods	货物名称	1..1	an..512		用普通语言对一种货物性质（货物名称）的描述
27	4	WL0700102	ShippingMarks	运输标志	0..1	an..512		对一个运输单元或包装上的标志和编号的自然语言描述，也称唛头
28	4		GoodsQuantity	货物数量	0..n			
29	5	WL0600063	QuantityQualifier	量限定符	1..1	an..3	见JT/T919.1—2014的7.6	
30	5	WL0600060	Quantity	量	1..1	an..35		
31	5	WL0700065	PackageTypeCode	包装类型代码	0..1	an..17	GB/T 16472	
32	4	WL0400440	FreeText	自由文本	0..1	an..512		
33	3		VehicleInfo	车辆信息	0..n			
34	4	WL0800802	VehicleNumber	车辆牌照号	0..1	an..35		由公安车管部门核发的机动车牌照号
35	4	WL0800819	LicensePlateTypeCode	牌照类型代码	0..1	an..20	GA 24.7	由公安车管部门核发的机动号牌种类代码
36	3		ConsigneeInfo	收货信息	0..1			
37	4	WL0300132	Consignee	收货人	1..1	an..512		货物接收一方的名称和地址
38	4	WL0300404	NameOfPerson	姓名	0..1	an..30		签收人
39	4	WL0300869	TelephoneNumber	电话号码	0..1	an..18		联系人的电话号码
40	4	WL0100194	PersonalIdentityDocument	个人证件号	0..1	an..18		标示个人的证件的注册号
41	4	WL0100815	PersonalIdentityDocumentTypeCode	个人证件类别代码	0..1	n3	见JT/T919.1—2014的7.1	标示个人证件类型的代码
42	4	WL0700817	SignTypeCode	签收类型代码	0..1	an..3	001：手签，002：盖章，003：电子签名	表示收货方对所接收货物采用的签收方式的代码
43	3		ExportInfo	出口信息	0..1			
44	4	WL0300935	ShippingCompanyCode	船公司代码	0..1	an..35		船公司的代码（承运人代码）
45	4	WL0800841	VesselNameCode	船名代码	0..1	an..10		标示船舶名称的代码
46	4	WL0800842	VesselEnglishName	船舶英文船名	0..1	an..200		使用英文表述的船舶名称

续表

序号	报文层 Level	分类编号	英文名称	中文名称	约束/出现次数	数据格式	引用文件	说　明
47	4	WL0800866	VoyageNumber	航次	0..1	an..10		承运人或其代理人为船舶航次所指定的参考编号
48	4	WL0200349	EstimatedArrivalDateTime	预计抵达日期时间	0..1	n14		运输工具预计抵达的日期时间
49	4	WL0300231	LoadingPortOfCode	装货港代码	0..1	a5	GB/T 7407、GB/T 15514、UN/LOCODE	货物被装上运输船所在港口的编码
50	4	WL0300230	LoadingPortName	装货港	0..1	an..35		货物被装上运输船所在港口的名称
51	4	WL0300831	TranshippingPortCode	中转港代码	0..1	a5	GB/T 7407、GB/T 15514 和 UN/LOCODE	货物中转港口的编码
52	4	WL0300830	TranshippingPortName	中转港	0..1	an..35		标示货物中转港口的名称
53	4	WL0300415	DischargePortCode	卸货港代码	0..1	a5	GB/T 7407、GB/T 15514、UN/LOCOD	由运输船舶卸下货物的港口代码
54	4	WL0300414	DischargePortName	卸货港	0..1	an..35		由运输船舶卸下货物的港口名称
55	4	WL0700370	TotalNumberOfPackages	总件数	0..1	n..8		一票托运货物的件数合计
56	4	WL0600012	ConsignmentGrossWeight	托运物毛重	0..1	n..16		一票托运货物中所有货物的重量总和，包括包装，但不包括运输设备
57	3		ContainerInfo	集装箱信息	0..n			
58	4	WL0800884	ContainerNumber	集装箱号	1..1	an..12		集装箱识别标记，由箱主代码、设备识别码、箱号与校验码组成
59	4	WL0800877	CodeOfSizeAndType	尺寸和箱型代码	0..1	an4	GB/T 1836	标示集装箱的外部尺寸和类型代码
60	4	WL0900308	SealNumber	铅封号	0..1	an..35		附加在集装箱或其他运输设备上的海关铅封或其他铅封的编号

2）运单状态查询

运单状态查询服务调用名称：QueryShippingNoteNumberState，包括请求参数和响应结果。

（1）请求参数的属性及说明如表 3-26 所示。

表 3-26　运单状态查询的请求参数属性及说明

序号	报文层Level	分类编号	英文名称	中文名称	约束/出现次数	数据格式	引用文件	说　　明
1	1	WL0100802	ShippingNoteNumber	托运单号	1..1	an..20		
2	1	WL1000913	LogisticsExchangeCode	物流交换代码	1..1	an..20		承运方物流交换代码

（2）响应结果：运单状态查询服务通过调用物流公共信息平台的服务调用接口返回响应结果，在返回结果运单状态信息中嵌入查询结果信息，其结构及属性说明如表 3-27 所示。

表 3-27　运单状态查询的响应结果属性及说明

序号	报文层Level	分类编号	英文名称	中文名称	约束/出现次数	数据格式	引用文件	说　　明
1	1		StateInformation	状态信息	0..n			
2	2	WL0200867	StatusChangeDateTime	状态变更日期时间	0..1	n14		
3	2	WL0200911	ReceiveTime	接收时间	0..1	n14		
4	2	WL0200029	TimeZoneIdentifier	时区标识符	0..1	n..3		标示一个时区的编号
5	2	WL0100802	ShippingNoteNumber	托运单号	1..1	an..20		
6	2	WL0800913	TransportStatusCode	运输状态代码	1..1	an..3	见 JT/T 919.1—2014 的 7.14	表示货物在各运输环节中的状态代码
7	2	WL0300224	PlaceOrLocation	地点/位置	1..1	an..256		
8	2	WL0300225	PlaceOrLocationIdentification	地点/位置标示	0..1	an..35		状态变更地点/位置标示
9	2	WL0300404	NameOfPerson	姓名	1..1	an..30		操作人
10	2	WL0800802	VehicleNumber	车辆牌照号	0..1	an..35		
11	2	WL0800819	LicensePlateTypeCode	牌照类型代码	0..1	an..20	GA 24.7	
12	2	WL0900842	Remark	备注	0..1	an..256		
13	2	WL1000913	LogisticsExchangeCode	物流交换代码	1..1	an..20		承运方物流交换代码
14	2	WL0300334	PlaceOfLoading	装货地点	0..1	an..256		
15	2	WL0300160	GoodsReceiptPlace	收货地点	0..1	an..256		
16	2	WL0200349	EstimatedArrivalDateTime	预计抵达日期时间	0..1	n14		
17	2	WL0700002	DescriptionOfGoods	货物名称	0..1	an..512		

3.3.2　信用应用服务规范

1．概述

信用应用服务是物流公共信息平台为各物流相关企业、行业管理单位和社会公众提供物流企业、物流从业人员和运输工具等的信用记录查询和共享的应用服务。通过物流公共信息平台与行业管理部门政务系统、货运站场（物流园区）管理系统、社会物流平台等物流信用相关信息资源进行互联互通，建立完整、系统的分类信用信息库，为用户提供信用信息查询服务。

2．应用场景（见图 3-26）

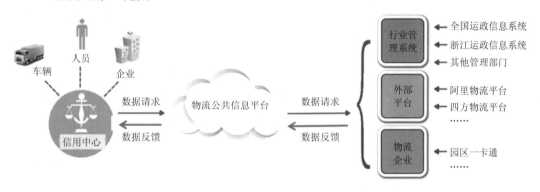

图 3-26　信用服务应用场景

下面是各参与角色的定位介绍。

（1）服务提供方：即拥有信用数据的主体单位。对接按照数据传输方式的不同，分为数据交换和服务调用。数据交换是将数据发送到物流公共信息平台，在平台存储后由平台提供查询服务；服务调用是服务提供商提供接口，在用户查询时，通过该接口对服务请求进行响应并返回查询结果。所提供的信用数据由服务提供方自身进行保管和维护。

（2）服务需求方：调用信用服务获取信用信息的用户统称为服务需求方。可通过到物流公共信息平台进行人车户信用信息查询，也可以通过开发服务接口的方式调用平台提供的服务获取信用信息。

3．标准介绍

信用应用服务规范给出了信用应用服务的报文属性以及业户、车辆和人员信用信息业务报文上传和信用信息查询服务调用接口，适用于物流公共信息平台的信用信息服务与应用接口的设计、开发与应用。

信用应用服务规范主要内容如下：

1）业务报文上传

（1）业户信用信息上传：业户（包括个体工商户、经营）把业户的信用信息发送给物流公共信息平台。业户信用信息内容包括业户基本信息、营业执照信息、道路运输经营许可证信息、运输经营信息和动态信用评价信息等。

（2）车辆信用信息上传：企业把车辆的信用信息发送给物流公共信息平台。车辆信用信息内容包括企业基本信息、行驶证信息、道路运输证信息、挂车信息、驾驶员信息和动态信用评价信息等。

（3）人员信用信息上传：企业把人员的信用信息发送给物流公共信息平台。人员信用信息内容包括人员基本信息、身份证信息、从业资格证信息、驾驶证信息、人员所属企业信息和动态信用评价信息等。

2）服务调用接口

（1）企业名称查询：服务需求方通过物流企业的名称关键字向信用应用服务提供商进行模糊查询，获取与该物流名称相关的多个物流企业完整名称。

（2）业户信用信息查询：业户信用信息查询服务调用是服务需求方通过物流企业名称、许可证编号、起始时间等向信用服务提供商查询，获取该物流企业的信用信息，包括静态信息和动态信息。

（3）车辆信用信息查询：车辆信用信息查询服务调用是服务需求方通过车辆牌照号码、牌照类型代码、道路运输证号、起始时间等向信用服务提供商查询，获取该车辆信用信息，包括静态信息和动态信息。

（4）人员信用信息查询：人员信用信息查询服务调用是服务需求方通过人员的姓名、身份证号、从业资格证号、起始时间等向信用服务提供商查询，获取该人员信用信息，包括静态信息和动态信息。

4. 标准示例

以业户信用信息为例，对业务报文上传和服务调用接口两种方式的具体内容进行说明。

1）业户信用信息上传

业户信用信息上传报文结构如表 3-28 所示。

表 3-28　业户信用信息上传报文结构

序号	报文层Level	分类编号	英文名称	中文名称	约束/出现次数	数据格式	引用文件	说　　明
1	1		Root	根	1..1			
2	2		Header	报文头	1..1			
3	3	WL0000062	MessageReferenceNumber	报文参考号	1..1	an..35		报文的唯一标识符
4	3	WL0100000	DocumentName	单证名称	1..1	an..35		单证的中文名称"业户信用信息上传"

序号	报文层 Level	分类编号	英文名称	中文名称	约束/出现次数	数据格式	引用文件	说　明
5	3	WL0000052	DocumentVersion Number	报文版本号	1..1	an..17		报文采用的平台标准版本号，如 2014 版则为 "V2014"
6	3	WL0900813	SenderCode	发送方代码	1..1	an..20		报文发送者的物流交换代码
7	3	WL0900817	RecipientCode	接收方代码	0..1	an..20		报文接收者的物流交换代码
8	3	WL0200863	MessageSending DateTime	发送日期时间	1..1	n14		YYYYMMDDhhmmss
9	3	WL0100225	MessageFunction Code	报文功能代码	0..1	an..3	GB/T 16833—2011 的 "1225 报文功能代码"	指示报文功能的代码
10	2		Body	报文体	1..1			
11	3	WL0300898	EnterpriseName	企业名称	1..1	an..100		被评价企业名称
12	3	WL1000913	LogisticsExchange Code	物流交换代码	1..1	an..20		被评价企业物流交换代码
13	3	WL0300801	OrganizationCode	组织机构代码	0..1	an9	符合 GB 11714 中的编制规则	
14	3	WL0300963	EnterpriseEconomic TypeCode	企业经济类型代码	0..1	n3	GB/T 12402	
15	3	WL0300228	CountrySubdivision Name	国家行政区划名称	0..1	an..70	GB/T 2260	
16	3	WL0300229	CountrySubdivision Code	国家行政区划代码	0..1	an..12	采用 GB/T 2260 中的数字代码	
17	3	WL0300412	ContactName	联系人名称	1..1	an..256		企业联系人姓名
18	3	WL0300869	TelephoneNumber	电话号码	1..1	an..18		
19	3	WL0300871	FaxNumber	传真号码	0..1	an..18		
20	3	WL0300148	Communication Number	通信地址	1..1	an..512		企业通信地址
21	3	WL0300251	PostalIdentification Code	邮政标识代码	0..1	an..17		企业邮政编码
22	3	WL0300874	E-mail	电子邮件地址	0..1	an..50		企业电子邮件地址
23	3	WL0300906	NetworkAccess Address	网络访问地址	0..1	ul		企业网址
24	3	WL0900842	Remark	备注	0..1	an..256		

序号	报文层 Level	分类编号	英文名称	中文名称	约束/出现次数	数据格式	引用文件	说　明
25	3		BusinessLicenceInformation	营业执照信息	0..1			
26	4	WL0300803	EnterpriseRegistrationNumber	企业注册号	1..1	an..15		
27	4	WL0300900	EnterpriseRegistrationAddress	企业注册地址	1..1	an..512		住所
28	4	WL0300804	LegalRepresentative	法定代表人	1..1	a..30		法定代表人姓名
29	4	WL0300912	CompanyType	公司类型	1..1	an..50		依据股东对公司承担责任形式的不同对公司类型的分类
30	4	WL0300924	BusinessScope	经营范围	1..1	a..500		企业经营范围
31	4	WL0300928	RegisteredCapital	注册资本	1..1	an..50		企业登记注册时的资本
32	4	WL0200907	EstablishmentDate	成立日期	1..1	n8		
33	4	WL0200897	PeriodStartDate	期限开始日期	1..1	n8		营业执照有效期开始日期
34	4	WL0200899	PeriodEndDate	期限结束日期	1..1	n8		营业执照有效期截止日期
35	4	WL0100860	CertificationUnit	发证单位	1..1	an..100		营业执照的颁发单位
36	4	WL0900819	Photo	照片	0..1	an..256		营业执照的扫描照片名称（含路径）
37	3		RoadTransportBusinessOperatingPermit Information	道路运输经营许可证信息	0..1			
38	4	WL0300926	PermitNumber	许可证编号	1..1	an..50		道路运输经营许可证编号
39	4	WL0300898	EnterpriseName	企业名称	1..1	an..100		企业名称
40	4	WL0300224	PlaceOrLocation	地点/位置	1..1	an..256		企业经营地点
41	4	WL0300924	BusinessScope	经营范围	1..1	a..500		企业经营范围
42	4	WL0200905	PermitGrantDate	许可证发放日期	1..1	n8		YYYYMMDD
43	4	WL0200897	PeriodStartDate	期限开始日期	1..1	n8		道路运输经营许可证有效期开始日期
44	4	WL0200899	PeriodEndDate	期限结束日期	1..1	n8		道路运输经营许可证有效期截止日期
45	4	WL0100860	CertificationUnit	发证单位	1..1	an..100		
46	4	WL0900819	Photo	照片	0..1	an..256		道路运输经营许可证的扫描照片名称（含路径）
47	3		TransportOperating Information	运输经营信息	0..1			
48	4	WL0600842	OwnCargoVehiclesNumber	自有货运车辆数	0..1	n..8		企业自有货运车辆的数量

续表

序号	报文层号 Level	分类编号	英文名称	中文名称	约束/出现次数	数据格式	引用文件	说　明
49	4	WL0300908	TransportCapacityScale	运力规模	0..1	an..16		运输企业的运输能力大小
50	4	WL0600844	WorkersNumber	职工人数	0..1	n..8		企业职工的人数
51	4	WL0900842	Remark	备注	0..1	an..256		业务信息的附加说明
52	3		DynamicCreditInformation	动态信用信息	0..n			
53	4	WL0900907	CreditTypeCode	信用类型代码	1..1	an..3	JT/T 919.1—2014 的 7.23	
54	4	WL0900976	CreditEvaluationRecord	信用评价记录	0..1	an..2000		描述企业信用评价的记录
55	4	WL0200885	AppraiseDateTime	评价日期时间	1..1	n14		YYYYMMDDhhmmss
56	4	WL0900957	WarningIdentity	警示标志	0..1	n1		0：无警示信息 1：有警示信息
57	4		EventInformation	事件信息	0..n			
58	5	WL0200380	DateOrTimeOrPeriod	日期/时间/期限	0..1	an..35		事件发生时间
59	5	WL0300224	PlaceOrLocation	地点/位置	0..1	an..256		事件发生地点
60	5	WL0400440	FreeText	自由文本	1..1	an..512		事件描述

2）业户信用信息查询

业户信用信息查询服务调用名称：QueryEnterpriseCredit。包括请求参数和响应结果。

（1）请求参数的属性及说明如表 3-29 所示。

表 3-29　业户信用信息查询的请求参数属性及说明

序号	报文层号 Level	分类编号	英文名称	中文名称	约束/出现次数	数据格式	引用文件	说　明
1	1	WL0300898	EnterpriseName	企业名称	0..1	an..100		业户名称（精确匹配）与道路运输经营许可证号必须二选一
2	1	WL0300926	PermitNumber	许可证编号	0..1	an..50		道路运输经营许可证号
3	1	WL0900961	SearchTypeCode	查询方式代码	1..1	n2	见 JT/T 919.1—2014 的 7.27	01：快速查询（仅返回警示信息） 02：完整查询 03：静态 04：动态
4	1	WL0200877	StartTime	起始时间	1..1	n14		在查询方式为 01、02 或 04 时为必填，查询该日期段的评价信息
5	1	WL0200879	EndTime	结束时间	0..1	n14		查询方式为 01、02 或 04 时必填，默认为当前时间

（2）响应结果：业户信用信息查询服务通过调用物流公共信息平台的服务调用接口

返回响应结果，在返回结果业务信息中嵌入业户信用信息查询结果，其结构及属性说明见表 3-28 业户信用信息上传报文结构。

3.3.3　物流资源应用服务规范

1．概述

物流资源中心是为广大物流企业、生产贸易企业和社会个人提供物流企业、车源、货源、公路专线及仓储资源等信息的查询应用服务系统。借助国家交通运输物流公共信息平台（以下简称平台）与众多合作车货源网站以及平台规范的物流管理软件的信息资源互联互通，物流资源中心汇聚了管车宝、四方物流市场、衢州物流网、万事得云平台、浙江船舶交易市场、义乌物流公共信息平台等合作单位的车源、货源、专线、仓储、市场价格信息，日均发布物流资源信息近万条。此外，物流资源中心通过为物流企业提供展示网站吸引物流企业注册，形成近 4 000 注册会员的物流企业库。

为验证数据真实性，物流资源中心同时引入平台的信用服务系统，对企业、车辆、人员的资质信息进行认证，为用户选择物流资源提供基础性的安全保障。

2．应用场景

物流资源应用主要有以下几个场景。

（1）物流企业查询：可以根据企业名称、类别、所属区域、业务种类，查询企业的基本信息和联系方式，方便客户进行联系和选择；

（2）车源查询：可以根据车辆类型、载重量、信息来源、始发地、目的地、起始时间、截止时间、企业名称等条件查询车源的相关信息；

（3）货源查询：可以通过始发地、目的地、信息来源、起始时间、截止时间、体积、重量、货物名称等条件查询货源的相关信息；

（4）专线信息查询：可以通过始发地、目的地、信息来源、起始时间、截止时间、关键字等条件查询专线相关信息；

（5）仓储信息查询：可以通过信息来源、起始时间、截止时间、具体位置、面积、关键字等条件查询仓储提供信息。

物流资源应用场景如图 3-27 所示。

3．标准介绍

1）业务报文上传

（1）货源信息上传：企业通过数据交换中心，将启运地、货物名称、货物重量、货物体积等货源信息发送到资源中心。

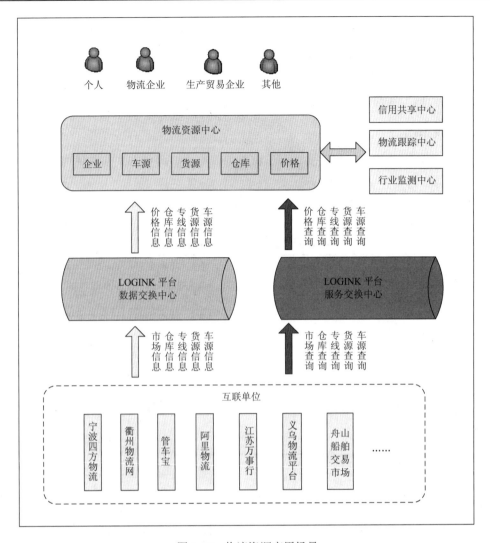

图 3-27　物流资源应用场景

（2）车源信息上传：企业通过数据交换中心，将启运地、货物名称、货物重量、货物体积等货源信息发送到资源中心。

（3）货运专线信息上传：企业通过数据交换中心，将货运专线的线路、价格等信息发送给资源中心。

（4）运价信息上传：物流相关平台及外部系统通过数据交换中心将运价信息的启运地、目的地、运费等信息发给资源中心。

（5）运价指数信息上传：物流相关平台及外部系统通过数据交换中心将运价指数信息的启运地、目的地、指数类型、指数值等信息发给资源中心。

2）服务调用接口

（1）货源信息查询：运单状态查询服务调用是服务需求方通过启运地、目的地等信息向货源信息提供商查询，获取有关货源的信息。

（2）车源信息查询：车源信息查询服务调用是服务需求方通过启运地、目的地等向车源信息提供商查询，获取有关车源的信息。

（3）专线信息查询：专线信息查询服务调用是服务需求方通过启运地、目的地或车辆类型代码等向专线信息提供商查询，获取有关专线的信息。

4．标准示例

现以货源信息为例，对业务报文上传和服务调用接口两种方式的具体内容进行说明。

1）货源信息上传

货源信息上传报文结构如表 3-30 所示。

表 3-30　货源信息上传报文结构

序号	报文层 Level	分类编号	英文名称	中文名称	约束/出现次数	数据格式	引用文件	说　明
1	1		Root	根	1..1			
2	2		Header	报文头	1..1			
3	3	WL0000062	MessageReferenceNumber	报文参考号	1..1	an..35		报文的唯一标识符
4	3	WL0100000	DocumentName	单证名称	1..1	an..35		货源信息上传
5	3	WL0000052	DocumentVersionNumber	报文版本号	1..1	an..17		
6	3	WL0900813	SenderCode	发送方代码	1..1	an..20		物流交换代码
7	3	WL0900817	RecipientCode	接收方代码	0..1	an..20		报文接收者的物流交换代码
8	3	WL0200863	MessageSendingDateTime	发送日期时间	1..1	n14		YYYYMMDDhhmmss
9	3	WL0100225	MessageFunctionCode	报文功能代码	0..1	an..3	采用 GB/T 16833—2011 的 1225	
10	2		Body	报文体	1..1			
11	3	WL0900852	UserName	用户名	0..1	an..17		发布者在资源中心登录的账号
12	3	WL0800960	IssuerName	发布者名称	1..1	an..100		
13	3	WL1000913	LogisticsExchangeCode	物流交换代码	0..1	an..20		信息提供方的物流交换代码
14	3	WL0200895	IssueDateTime	发布时间	0..1	n14		YYYYMMDDhhmmss
15	3	WL0200073	EventEffectiveEndDateTime	事件有效截止日期时间	1..1	n14		YYYYMMDDhhmmss
16	3	WL0300214	PlaceOfDeparture	启运地	1..1	an..256		
17	3	WL0300258	Destination	目的地	0..1	an..256		
18	3	WL0700002	DescriptionOfGoods	货物名称	1..1	an..512		
19	3	WL0700832	GoodsSpecification	货物规格	0..1	an..35		

续表

序号	报文层 Level	分类编号	英文名称	中文名称	约束/出现次数	数据格式	引用文件	说　明
20	3	WL0700085	CargoTypeClassificationCode	货物类型分类代码	0..1	an..3	采用 GB/T 16833—2011 的 7085	
21	3	WL0600314	DensityCategoryCode	比重分类代码	0..1	an..3	见JT/T 919.1—2014的7.10	
22	3	WL0700064	PackageType	包装类型	1..1	an..35		
23	3	WL0700370	TotalNumberOfPackages	总件数	1..1	n..8		
24	3		TotalVolume	货物总体积	0..1			
25	4	WL0600422	ConsignmentCube	托运体积	0..1	n..9		
26	4	WL0600411	MeasurementUnitCode	计量单位代码	0..1	an..3	GB/T 17295	MTQ: 立方米（m³）LTR: 升（L）默认值为 MTQ
27	3		GrossWeight	货物毛重	0..1			
28	4	WL0600012	ConsignmentGrossWeight	托运物毛重	0..1	n..16		
29	4	WL0600411	MeasurementUnitCode	计量单位代码	0..1	an..3	GB/T 17295	TNE: 吨（t）KGM: 千克（kg）默认值为 KGM
30	3	WL0800934	VehicleRequireDescription	车辆要求	0..1	an..200		可描述车辆数、车辆规格等
31	3	WL0400237	PaymentArrangementCode	付款安排代码	0..1	an..3	采用 GB/T 16833—2011 的 4237	
32	3	WL0500430	ConsignmentTariffText	托运货物运价文本	0..1	an..17		
33	3	WL0900998	InsureContent	投保详情	0..1	an..256		
34	3	WL0400440	FreeText	自由文本	0..2	an..512		货源信息的描述
35	3	WL0300906	NetworkAccessAddress	网络访问地址	0..1	ul		货源详细信息的 URL
36	3	WL0300898	EnterpriseName	企业名称	0..1	an..100		
37	3	WL0300412	ContactName	联系人名称	0..1	an..256		联系人的姓名
38	3	WL0300869	TelephoneNumber	电话号码	0..1	an..18		

2）货源信息查询

货源信息查询服务调用名称：QueryCargoResource。包括请求参数和响应结果。

（1）请求参数的属性及说明如表 3-31 所示。

（2）响应结果：货源信息查询服务通过调用物流公共信息平台的服务调用接口返回响应结果，在返回结果货源信息中嵌入货源信息查询结果信息，其结构及属性说明如表 3-32 所示。

表 3-31　货源信息查询的请求参数属性及说明

序号	报文层 Level	分类编号	英文名称	中文名称	约束/出现次数	数据格式	引用文件	说　明
1	1	WL0300214	PlaceOfDeparture	启运地	0..1	an..256		启运地和目的地二者至少选一
2	1	WL0300258	Destination	目的地	0..1	an..256		
3	1	WL0200801	Period	期限	1..1	an..18	GB/T 7408	发布的天数(天)
4	1		CargoFeatures	货物特点	0..1			
5	2	WL0700085	CargoTypeClassificationCode	货物类型分类代码	0..1	an..3	采用 GB/T 16833—2011 的 7085	
6	2	WL0700064	PackageType	包装类型	0..1	an..35		
7	2	WL0600314	DensityCategoryCode	比重分类代码	0..1	an..3	见 JT/T 919.1 —2014 的 7.10	
8	1		CubeInformation	体积信息	0..1			
9	2	WL0600152	RangeMaximum	范围最大值	0..1	n..18		最大值和最小值二者至少选一
10	2	WL0600162	RangeMinimum	范围最小值	0..1	n..18		
11	2	WL0600411	MeasurementUnitCode	计量单位代码	0..1	an..3	GB/T 17295	
12	1		GrossWeightInformation	毛重信息	0..1			
13	2	WL0600152	RangeMaximum	范围最大值	0..1	n..18		最大值和最小值二者至少选一
14	2	WL0600162	RangeMinimum	范围最小值	0..1	n..18		
15	2	WL0600411	MeasurementUnitCode	计量单位代码	0..1	an..3	GB/T 17295	
16	1		PagingInformation	分页信息	0..1			
17	2	WL0100818	SequenceCode	流水号/序列号	0..1	an..50		查询记录起始序号，默认为 1
18	2	WL0600848	QueryRecordNumber	查询记录数	0..1	n..5		返回符合条件的记录数量限值，默认为 50

表 3-32　货源信息查询的响应结果属性及说明

序号	报文层 Level	分类编号	英文名称	中文名称	约束/出现次数	数据格式	引用文件	说　明
1	1		CargoResourceInformation	货源信息	0..n			
2	2	WL0300214	PlaceOfDeparture	启运地	0..1	an..256		
3	2	WL0300258	Destination	目的地	0..1	an..256		
4	2	WL0800934	VehicleRequireDescription	车辆要求	0..1	an..200		
5	2	WL0700002	DescriptionOfGoods	货物名称	0..1	an..512		
6	2	WL0700832	GoodsSpecification	货物规格	0..1	an..35		
7	2	WL0700085	CargoTypeClassificationCode	货物类型分类代码	0..1	an..3	采用 GB/T 16833 —2011 的 7085	

续表

序号	报文层Level	分类编号	英文名称	中文名称	约束/出现次数	数据格式	引用文件	说　明
8	2	WL0600314	DensityCategoryCode	比重分类代码	0..1	an..3	见 JT/T 919.1—2014 的 7.10	
9	2	WL0700064	PackageType	包装类型	0..1	an..35		
10	2	WL0700370	TotalNumberOfPackages	总件数	0..1	n..8		
11	2		TotalVolume	货物总体积	0..1			
12	3	WL0600422	ConsignmentCube	托运体积	1..1	n..9		
13	3	WL0600411	MeasurementUnitCode	计量单位代码	0..1	an..3	GB/T 17295	
14	2		GrossWeight	货物毛重	0..1			
15	3	WL0600012	ConsignmentGrossWeight	托运物毛重	1..1	n..16		
16	3	WL0600411	MeasurementUnitCode	计量单位代码	0..1	an..3	GB/T 17295	
17	2	WL0400237	PaymentArrangementCode	付款安排代码	0..1	an..3	采用 GB/T 16833—2011 中的 4237	
18	2	WL0500430	ConsignmentTariffText	托运货物运价文本	0..1	an..17		
19	2	WL0400440	FreeText	自由文本	0..1	an..512		
20	2	WL0200895	IssueDateTime	发布时间	0..1	n14		YYYYMMDDhhmmss
21	2	WL0200073	EventEffectiveEndDateTime	事件有效截止日期时间	1..1	n14		YYYYMMDDhhmmss
22	2		AssociationInformation	联系信息	0..1			
23	3	WL0300898	EnterpriseName	企业名称	0..1	an..100		
24	3	WL0300412	ContactName	联系人名称	0..1	an..256		企业联系人的姓名
25	3	WL0300869	TelephoneNumber	电话号码	0..1	an..18		
26	3	WL0300906	NetworkAccessAddress	网络访问地址	0..1	ul		

3.3.4　物流园区互联应用

1. 概述

物流园区互联应用主要以物流公共信息平台基础交换网络为交换通道，以物流园区为载体，通过改造物流园区信息系统或部署物流园区通用软件，并配套信息化相关设施建设，实现物流园区与园区入驻对象、其他园区、其他平台、行业主管部门等信息系统的互联，实现信息的交换与共享。

物流园区互联对象主要有以下几个：

（1）与园区入驻对象互联，实现与园区内入驻的货主、货代、司机、物流企业等主体的互联，主要提供园区的仓储、停车、车源货源等信息服务；

（2）与其他园区信息系统互联，实现与其他物流园区、堆场之间信息共享，主要包括车辆卡信息、信用信息等；

（3）与公共信息服务平台互联，主要实现接入"公共平台"或"区域平台"的园区基本信息、车货源信息、货物跟踪信息、行业动态信息等信息的共享应用，同时实现与物流金融平台、电子商务平台等商业增值平台之间物流相关信息的共享应用；

（4）与行业主管部门信息系统互联，通过"公共平台"调用行业管理数据，同时和交通运输、海关、质检、税务工商等部门的业务系统互联，实现车辆进出园区、物流站场统计信息、人车户信用信息等信息的共享和调用，同时园区通过"公共平台"可以获取行业管理信息、通关检验状态等政府服务信息。

2．应用场景

其应用场景如图 3-28 所示。

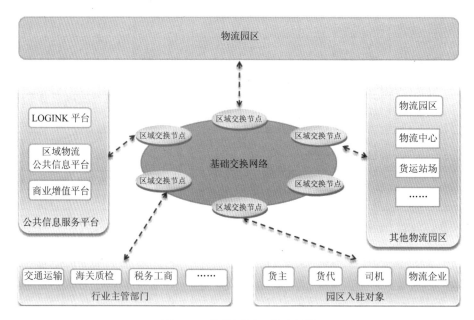

图 3-28　物流园区互联对象图

交换和共享的信息主要包括以下几项。

1）园区基本信息

园区基本信息交换及共享场景主要包含园区的基本情况、可提供的服务内容、停车场动态等信息的查询和共享（见图 3-29），可通过两种途径实现。

途径 1：物流园区将基本信息发送至物流公共信息平台，由平台通过网站、接口等方式面向社会公众查询和调用。

途径 2：有条件的物流园区可以建立网站或提供接口，直接面向社会公众提供查询和调用服务。

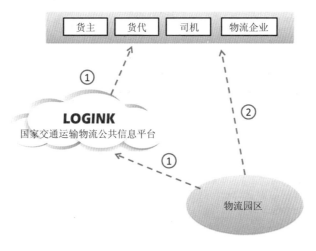

图 3-29　园区基本信息交换和共享场景

2）园区信用信息

园区信用信息主要包含园区的车辆信用信息、入驻业户信用信息、从业人员信用等信息的查询和共享，由物流园区将相关信用信息发送至"公共平台"，由"公共平台"通过网站、接口等方式面向社会公众查询和调用，如图 3-30 所示。

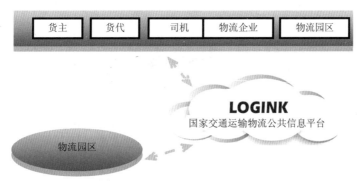

图 3-30　园区信用信息交换和共享场景

3）园区增值服务信息

园区增值服务信息主要包含车货源信息交易、货运跟踪服务、物流金融服务、代收货款等物流商业增值服务，实现物流园区所掌握的信息与商业增值平台之间的互联共享，由物流园区与商业增值平台实现双向物流相关信息整合共享，商业增值平台面向货主、货代、司机、物流企业、物流园区等市场主体提供增值服务，如图 3-31 所示。

4）园区行业管理信息

园区行业管理信息主要包含车辆进出动态、物流园区货物吞吐量等宏观数据上报至"公共平台"和行业主管部门（见图 3-32），可通过以下两种途径实现。

途径 1：物流园区将行业管理信息发送至"公共平台"，用于对参与互联项目园区运行情况、数据互联情况的监测。

途径 2：各行业主管部门的监管平台也可通过"公共平台"同步获取本区域的行业管理数据自主进行分析挖掘。

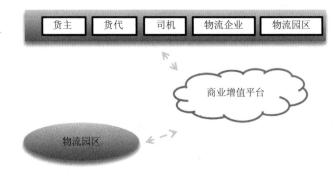

图 3-31　园区增值服务信息交换和共享场景

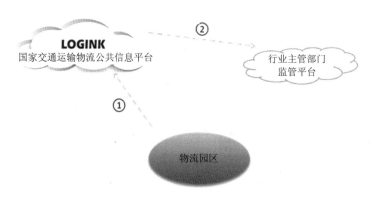

图 3-32　园区行业管理信息交换和共享场景

3. 标准介绍

物流园区互联应用技术规范的主要内容包括如下几项。

（1）物流企业/站场（园区）基本信息：物流企业或者站场（园区）基本信息通过数据交换共享给相关业务系统，包括企业基本信息、营业执照信息、经营网点信息、营业时间、面积、仓储信息、道路运输许可证信息和运输经营信息等。

（2）车辆卡注册信息：物流站场（园区）对车辆进行登记注册后发卡，将发卡/销卡/更新卡信息发送给相关方，实现车辆识别卡注册信息共享和交换。车辆卡注册信息包括车辆识别卡号、车辆牌照号、车架号、道路运输证、车辆行驶证、车辆所属单位等信息。

（3）车辆园区登记信息：物流站场（园区）将车辆卡登记信息共享到相关业务信息系统。已发卡车辆第一次进入其他物流场站（园区）将在该处进行注册登记。车辆登记信息包括车辆识别卡号、车辆牌照号、注册日期时间等信息。

（4）车辆进出信息：物流场站（园区、港区、堆场等）记录车辆的进出时间信息，并将此信息上传到平台数据交换中心，供各场站或其他系统共享。车辆进出信息包括车辆信息、进场信息、出场信息等。

（5）物流场站（园区）统计信息：物流场站（园区）将统计信息通过数据交换共享给相关业务系统。统计信息包括起止时间、统计细目等信息。

4．标准示例

以车辆卡注册信息为例，描述具体的标准内容。车辆卡注册信息上传报文结构如表 3-33 所示。

表 3-33　车辆卡注册信息上传报文结构

序号	报文层	分类编号	英文名称	中文名称	约束/出现次数	数据格式	引用文件	说　　明
1	1		Root	根	1..1			
2	2		Header	报文头	1..1			
3	3	WL0000062	MessageReferenceNumber	报文参考号	1..1	an..35		报文的唯一标识符
4	3	WL0100000	DocumentName	单证名称	1..1	an..35		单证名称：车辆卡注册信息
5	3	WL0000052	DocumentVersionNumber	报文版本号	1..1	an..17		
6	3	WL0900813	SenderCode	发送方代码	1..1	an..20		系统指定的发送方代码
7	3	WL0900817	RecipientCode	接收方代码	0..1	an..20		系统指定的接收方代码
8	3	WL0200863	MessageSendingDateTime	发送日期时间	1..1	n14		YYYYMMDDhhmmss
9	3	WL0100225	MessageFunctionCode	报文功能代码	0..1	an..3	GB/T 16833—2011	
10	2		Body	报文体	1..1			
11	3		VehicleInfomation	车辆信息	1..n			一次可发送若干条车辆信息
12	4	WL0800828	VehicleIdentityCardNumber	车辆识别卡号	1..1	an..20		车辆在物流园区领取的识别卡卡号
13	4	WL0800827	VehicleIdentityCardTypeCode	车辆识别卡类型代码	1..1	an..2	JT/T 919.1—2014 的 7.11	车辆识别卡类型的代码表示
14	4	WL0800938	AuthenticatingCode	防伪认证码	1..1	an..20		依据识别卡号按照特定算法算出
15	4	WL0800941	CardOperatingCode	卡操作方式代码	1..1	an..2		01：发卡（补卡）02：销卡 03：修改
16	4	WL0200867	StatusChangeDateTime	状态变更日期时间	1..1	n14		卡操作的时间
17	4	WL1000913	LogisticsExchangeCode	物流交换代码	1..1	an..20		发卡方的物流交换代码

序号	报文层	分类编号	英文名称	中文名称	约束/出现次数	数据格式	引用文件	说明
18	4	WL0800819	LicensePlateTypeCode	牌照类型代码	1..1	an..20	GA 24.7	车辆牌照号所对应的机动号牌种类代码
19	4	WL0800802	VehicleNumber	车辆牌照号	1..1	an..35		
20	4	WL0800801	VehicleClassificationCode	车辆分类代码	1..1	an3	GA 24.4	
21	4	WL0800812	VehicleTonnage	车辆载质量	1..1	n..9,2		运输车辆出厂时额定承载的吨位数，计量单位：吨（t）
22	4	WL0800820	VehicleEngineNumber	发动机号	0..1	an..50		车辆发动机的系列号
23	4	WL0800822	VehicleFrameNumber	车辆车架号	0..1	an..17		
24	4	WL0800824	VehicleBrandModel	车辆厂牌型号	0..1	an..50		制造厂对具有同类型、品牌、种类、系列及车身型式的车辆所给予的名称
25	4	WL0800830	VehicleSeats	车辆座位	0..1	n..6		货运车辆出厂时核定的座位数
26	4	WL0800963	RoadTransportationCertificateCodeContainedProvinceAbbreviation	道路运输省简称	0..1	an..6		
27	4	WL0800965	RoadTransportationCertificateCodeContainedCityAbbreviation	道路运输地市简称	0..1	an..6		
28	4	WL0800816	RoadTransportCertificateNumber	道路运输证号	0..1	n12		
29	4	WL0200853	VehicleLicenceIssueDate	车辆行驶证签发日期	0..1	n8		YYYYMMDD
30	4	WL0200855	VehicleInspectionEffectiveEndDate	车辆检验有效截止日期	0..1	n8		YYYYMMDD
31	4	WL0800930	Vehicle CorporationName	车辆所属单位名称	1..1	an..50		
32	4	WL0300922	VehicleUserName	车辆使用者名称	0..1	an..50		驾驶员姓名
33	4	WL0100808	IdentityDocumentNumber	身份证号	0..1	an..18		车辆使用者的身份证号
34	4	WL0300412	ContactName	联系人名称	1..1	an..256		车辆联系人的名称
35	4	WL0300869	TelephoneNumber	电话号码	1..1	an..18		车辆联系人的手机号码
36	4	WL0300874	E-mail	电子邮件地址	0..1	an..50		车辆联系人的电子邮箱地址
37	4	WL0400440	FreeText	自由文本	0..1	an..512		其他联系方式说明

3.3.5　公铁联运应用服务规范

1．概述

典型的铁路运输能够完成站到站的运输，在实际业务过程中往往需要与道路运输方式相结合来完成门到门的服务。所以在铁路运输中根据不同的业务场景，有铁路承运方、铁路货物代理方、货主、道路运输承运方、铁路集装箱设备提供方等多个参与方协作完成完整的货物运输服务。铁路运输过程中的互联对象如图 3-33 所示。

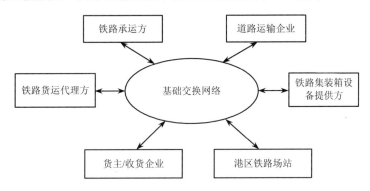

图 3-33　铁路运输过程中的互联对象

（1）铁路承运方：铁路承运方作为铁路运输中的主体，在整个信息互联中主要需要接收铁路货运委托方的货物运输需求信息包括运输计划预测及托运信息，提供货物运输的托运信息确认、货票信息、运输过程状态等信息。

（2）铁路货运代理方：铁路货运代理方作为铁路运输中承接铁路和公路转换的节点，在整个信息互联中主要包括接收整理货主的货物运输委托，向铁路承运方发送货物运输需求，接收铁路承运方的信息反馈。

（3）道路运输企业：接收铁路承运方或者铁路货运代理方的公路运输需求，向运输需求方反馈公路运输的状态信息。

（4）港区铁路场站：在海铁联运港口集疏运业务场景中与代表港区与铁路承运方进行信息交换。

（5）铁路集装箱设备提供方：接收铁路集装箱设备需求。

2．应用场景

1）铁路托运人与铁路承运人之间运输业务流程互联场景

该业务流程主要适用于铁路干线运输业务的托运方与承运方之间关于运输需求和运输状态反馈的信息互联，主要涉及的单据包括：铁路运输预约单、铁路运输预约批复单、铁路运输委托单、铁路运单、铁路货票、物流跟踪状态单、运输回执单等，具体业务流程如图 3-34 所示。

物流公共信息平台标准体系解析

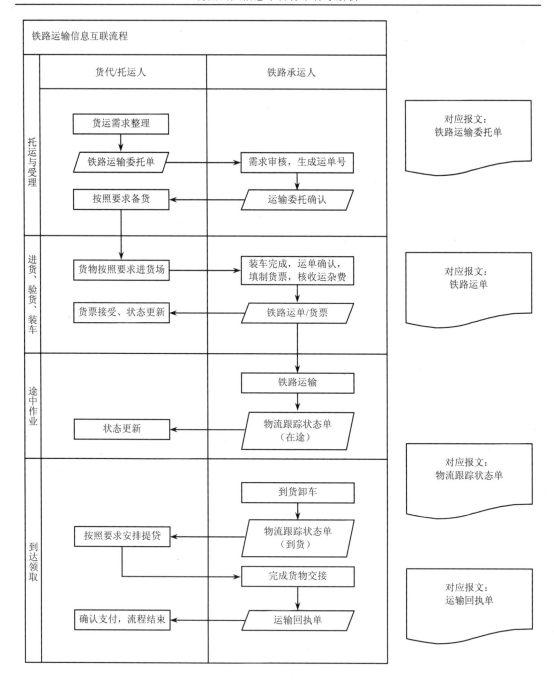

图 3-34 铁路运输信息互联业务场景

整个互联流程分为托运受理、进站装车、途中作业及到达交接四个环节。

（1）托运受理环节：托运人明确了运输需求后向承运人办理货物托运，承运人审核后确认受理该托运业务。

（2）进站装车环节：实现托运人运送货物进站装车，托运人与承运人之间确认托运货物数量、状态等，并进行费用结算，开具铁路货票。

（3）途中作业环节：在运输途中的重要节点车站对货物状态进行反馈。

（4）到货交接环节：在货物到站前后，承运人通知托运人到站时间，托运人通知收货人安排货物提取，承运人与托运人进行货物交接并结算到付费用。

2）铁路承运人与公路集货及配送承运人业务流程互联场景

该业务流程主要适用于铁路在提供门到门服务的过程中与两端揽货（门到发站）及配送（到站到门）承运方之间关于运输需求和运输状态反馈的信息互联。在大多数情况下揽货及配送业务由道路运输企业完成。

此业务场景流程、互联单据主要参照平台《道路运输企业互联应用技术规范》中"上下游企业互联场景"，其中铁路属于道路运输的托运方。

该业务场景主要涉及的单据包括：普通运输托运单、普通运输状态变化单和普通运输回执单等。

业务流程如图 3-35 所示。

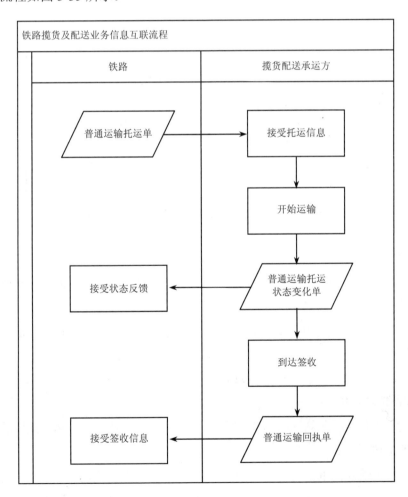

图 3-35　铁路揽货及配送业务信息互联流程

3）铁路运输信息查询服务互联场景

铁路运输企业及相关企业在运输过程中，将货物托运概要信息、运输状态变化信息、车辆实时位置、货物签收情况等信息通过标准接口的方式提供给货物相关方进行查询，以便于相关方准确掌握货物情况，如图 3-36 所示。

根据实际业务情况，铁路应当提供两类查询接口：

（1）基于运单号、货票号、车号和集装箱号的铁路货票信息查询服务。

（2）基于运单号、货票号、车号和集装箱号的铁路货物跟踪状态查询服务。

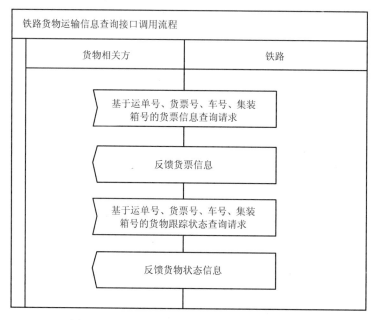

图 3-36　铁路货物运输信息查询接口调用流程

3．标准内容

公铁联运应用服务规范给出了交通运输物流公共信息平台提供的铁路运输应用服务的报文属性、铁路运输预约单、铁路运单的业务信息上传报文及铁路货票和物流状态信息查询服务调用接口，适用于交通运输物流公共信息平台的铁路运输信息服务与应用接口的设计、开发与应用。

公铁联运应用服务规范主要内容如下：

1）业务报文上传

业务报文上传主要包括铁路运输委托单（预约单）、铁路运单、物流跟踪状态单和运输回执单的上传。

（1）铁路运输委托单（预约单）：委托方有货物需要铁路承运方运输时，生成铁路运输委托单发送给铁路承运方。铁路运输委托单主要包括需要托运的货物信息、预定车次、发车日期、所需车皮数量等信息。

（2）铁路运单：铁路承运方收到委托方提交的铁路运输委托单，接收需运输的货物后，生成铁路运单发送给委托方。一张铁路运单对应一车托运货物。铁路运单主要包括运单号、车种车号、货票号、托运人信息、收货人信息、货物信息、服务及费用信息等。

（3）物流跟踪状态单：当物流状态发生改变时，承运方需将此物流状态变化的情况生成物流跟踪状态单发送给委托方。

（4）运输回执单：当承运方将货物运送到收货方，收货方确认收货后，承运方将运输回执单传输给物流状态发生改变时，承运方需将此物流状态变化的情况生成物流跟踪状态单发送给委托方。

2）服务调用接口

服务调用接口主要包括货票信息查询接口和跟踪状态查询接口。

（1）货票信息查询接口：服务需求方可通过运单号、货票号、车号和集装箱号等信息向铁路承运方进行查询，获取与该运单号相关的货票信息。

（2）跟踪状态查询接口：服务需求方通过托运单号、承运方的物流交换代码向跟踪服务提供商进行查询，获取与该托运单号相关的多个运输状态信息。

4．标准示例

以跟踪状态查询为例，对服务调用接口的具体内容进行说明。

跟踪状态查询服务调用名称：QueryRailFreightTrackingStatus，包括请求参数和响应结果。

（1）请求参数：请求参数的属性及说明如表 3-34 所示。

表 3-34　跟踪状态查询请求参数的属性及说明

序号	报文层	分类编号	英文名称	中文名称	出现次数	数据格式	说　明
1	1	WL0100802	ShippingNoteNumber	托运单号	1..1	an..20	运单号与货票号必填一个

（2）响应结果：响应结果的属性及说明如表 3-35 所示。

表 3-35　跟踪状态查询响应结果的属性及说明

序号	报文层	分类编号	英文名称	中文名称	出现次数	数据格式	说　明
1	1	WL0100802	ShippingNoteNumber	托运单号	1..1		运单号
2	1	WL0300334	PlaceOfLoading	装货地点	0..1		发站名
3	1	WL0300160	GoodsReceiptPlace	收货地点	0..1		到站名
4	1	WL0200349	EstimatedArrivalDateTime	预计抵达日期时间	0..1	n14	YYYYMMDDhhmmss
5	1		StateInformation	状态信息	0..n		
6	2	WL0200867	StatusChangeDateTime	状态变更日期时间	0..1	n14	发生时间 YYYYMMDDhhmmss
7	2	WL0200911	ReceiveTime	接收时间	0..1	n14	YYYYMMDDhhmmss

序号	报文层	分类编号	英文名称	中文名称	出现次数	数据格式	说　　明
8	2	WL0200029	TimeZoneIdentifier	时区标识符	0..1	n..3	标示一个时区
9	2	WL0800913	TransportStatusCode	运输状态代码	1..1	an..3	表示货物在各运输环节中的状态代码
10	2	WL0300224	PlaceOrLocation	地点/位置	1..1	an..256	发生地
11	2	WL0300225	PlaceOrLocationIdentification	地点/位置标示	0..1	an..35	状态变更地点/位置标示
12	2	WL0300404	NameOfPerson	姓名	1..1	an..30	操作人
13	2		VehicleInfo	车辆信息	0..1		
14	3	WL0800802	VehicleNumber	车辆牌照号	0..1	an..35	
15	3	WL0800819	LicensePlateTypeCode	牌照类型代码	0..1	an..20	
16	1		CarrierInfo	承运方信息	0..1		
17	2	WL0300898	EnterpriseName	企业名称	0..1	an..100	
18	2	WL1000913	LogisticsExchangeCode	物流交换代码	0..1	an..20	承运方物流交换代码
19	2	WL0300412	ContactName	联系人名称	1..1	an..256	
20	2	WL0300869	TelephoneNumber	电话号码	1..1	an..18	
21	1		GoodsInfo	货物信息	0..n		
22	2	WL0700002	DescriptionOfGoods	货物名称	1..1	an..512	
23	2	WL0700370	TotalNumberOfPackages	总件数	0..1	n..8	
24	1	WL0900842	Remark	备注	0..1	an..256	

第4章
物流公共信息平台标准应用案例

内容提要

标准的有效应用和指导实践是标准化工作的根本目的。在物流公共信息平台标准化建设中，应注重标准的试点示范，结合平台的技术特点，开展需求迫切、条件成熟、效用明显的试点示范应用项目，以检验标准在具体软件开发、系统接入、平台互联、数据交换和信息共享中的实用性和可操作性。

本章介绍了依托交通运输物流公共信息平台基础交换网络开展标准试点应用的有代表性的案例，包括行业监管互联类、供应链协同作业类、物流应用软件接口改造类。

4.1　危险品运输监管网络应用

4.1.1　背景介绍

近年来，我国每年道路运输危险货物在 3 亿吨，其中易燃易爆油品类达 2 亿吨。全国共有道路危险货物货运企业 6 800 多家，运输车辆 11.64 万辆，从业人员超过 21 万人。其中，危险货物运输占年货运总量的 30%以上，并呈上升趋势。因此，建立健全危化品运输车辆实时动态监控管理平台，实现对危险货物运输全过程中车辆、人员、环境及危化品状态等情况的实时动态监控、预警报警、安全管理与分析和辅助应急救援，并实现信息资源跨部门、跨区域的整合与共享，最大限度地减少危化品运输事故及危害也势在必行。

为此，交通运输部、浙江省人民政府、浙江省道路运输管理机构相继出台了一系列针对危化品运输车辆如何规范运作的法律、法规、标准和规定。例如，交通部颁发了《道路危险物品运输管理规定》，国家安全生产监督管理总局颁发《危险化学品汽车运输安全监控系统通用规范》和《危险化学品汽车运输安全监控车载终端》的行业标准以及《关于印发上海世博会重点营运车辆 GPS 联网联控系统建设工作方案的通知》（交运发〔2010〕743 号），国务院国发〔2010〕23 号文件《国务院关于进一步加强企业安全生产工作的通知》，交通运输部、公安部、安全生产监督总局、工业和信息化部联合出台交运发〔2011〕80 号《关于加强道路运输车辆动态监管工作的通知》，以及由浙江省人民政府颁布，并与 2012 年 7 月 1 日起正式实施的《浙江省道路运输条例》中明确规定："道路危险货物运输经营者应当接入统一的危险货物运输信息管理平台。"

4.1.2　面临的问题

随着危险货物物流发展，在当前的危险货物运输监管工作过程中，存在以下几个方面的问题：

（1）监管工作量大。据统计，浙江省现有 600 多家危险货物运输企业，以每家企业每天上报 10 单计算就需报送行业主管单位 6 000 单左右，年上报近 219 万单。管理部门汇总各企业的电子路单或货运报表后，经过分类、统计、汇总后，再向上级管理部门层层报送，流程比较复杂（这其中还未包含行业监管要求的其他相关报表）。因此，基于手工操作的报送机制工作量非常大。

（2）监管成本高。危险货物运输企业工作人员手工填写单据、报表，需要耗费纸张，同时，如果以传真的方式上报，对于纸张的消耗量会更多，导致办公开支大幅增加。直接管理部门通过对物流企业上报的单据进行汇总、核对，形成报表向上级管理部门报送的过程中也会使用大量的纸张，直接造成行政资源浪费，行政成本提高。

（3）监管效率低。危险货物运输企业手工填单，需花费大量时间、人力成本，导致企业上报效率低下。管理部门在收到纸质单据后，也需要进行人工分析、统计，核查效率低。

（4）监管及时性差。浙江省内危险货物运输企业86%左右为5辆车至50辆车的中小规模企业，由于企业管理人员、驾驶员、押运员素质参差不齐，运输企业通过传真或者专人递送的过程中，无法保证上报及时性。所以，管理部门对于运输企业的作业状况很难及时、准确掌握，这也给监管的及时性带来了一定难度。

浙江省行业监管部门与道路危险货物运输企业采用平台数据交换前的传统申报流程，以应用企业嘉兴联运为例，如图4-1所示。该企业的主营业务为工业气体配送（氧气、乙炔等）运输，服务于嘉兴市区各大医院和焊接工厂，运输模式是点到点的整车短途运输。业务流程是由公司接到气体厂的配送通知，并根据配送计划调配车辆去气体厂运输工业气体到嘉兴市区各医院、焊接厂等单位，其配送线路相对固定。同时在运输过程中，嘉兴联运还需根据监管要求，手工填写业务记录、整理有关报表，报送嘉兴公路运输管理处。由于运输业务及时性强，运输信息报送的及时性往往也无法保证，报送也就成为了事后行为。因此，基于手工流转的报送监管机制不仅增加了企业、行业监管部门的工作量，而且无法充分发挥行业监管的及时有效作用。在嘉兴联运的业务及报送流程中我们就可以看到其中包含了多项人工填单、电话沟通、传真确认、人工递送等环节，效率较低、及时性差。

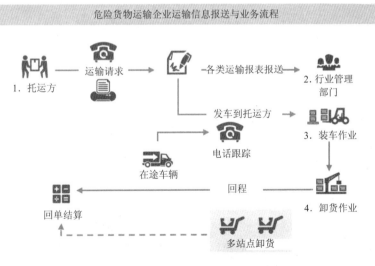

图 4-1　传统的危险货物运输及报送业务流程

4.1.3　解决方案

交通运输物流公共信息平台为各类危险货物运输企业提供全方位、一体化的电子路单报备监控系统。企业通过按照平台标准接入的运输管理软件，可以及时将本企业所有的危险货物运输单据发送至平台电子路单监控中心，各级管理部门可以根据不同的权限登录查看本区域范围内各危险货物车辆的运输情况，同时根据监控的需要进行统计分析，为管理部门提供各种报表，有利于掌握总体运输情况，并为危险货物相关的道路运输事故的应急处理提供基础。危险货物运输企业电子路单申报流程的数据交换如图 4-2 所示。

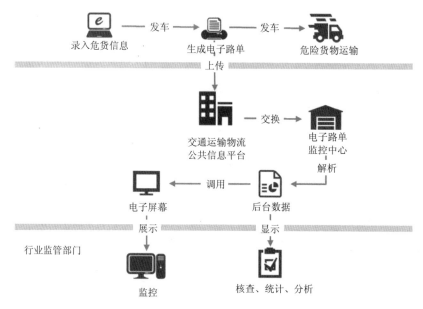

图 4-2　危险货物运输监管业务数据交换图

危险货物运输监管网络建设工程具体包括标准支撑、申报系统、监控中心三个方面。

1）道路危险货物运输行业标准支撑建设

根据道路危险货物运输监管与企业实际业务需求，制定并完善平台标准体系中危险货物运输电子路单相关标准，如危险货物名称、配载车辆、驾驶员、押运员、发车时间信息等，标准建设积极推动行业标准化、规范化发展，为加强行业监管创造有利条件，并为道路危险货物运输信息申报系统建设提供标准基础。

2）电子路单申报应用系统建设

平台为道路危险货物运输企业提供免费运输管理申报系统。按照平台统一标准开发并在全省实施应用的普通运输通用软件，通用软件分为 BS 版与 CS 版，分别定位于中小型与大型物流企业客户目标群体，软件除具备行业监管需求的电子路单报备功能外，还为企业提供完善的业务管理、费用结算与详细报表功能，同时注重应用体验，上报简单便捷，管理全面细致。

电子路单申报系统还与省危险货物运输 GPS 统一安全监控平台进行联网联动，利用定位服务与派车信息的整合优势，调用里程数与车辆定位数据，从而实现对整个危险货物物流供应链的实时上传、全面监控与统一管理。

此外，公共平台积极进行电子路单标准接口的推广工作。目前，公共平台的 2 号普运通用软件、运输管理申报系统已按照平台统一标准，支持与平台电子路单监控中心的实时、高效交换，为道路危险货物运输企业电子路单报备提供更多优质选择。

３）电子路单监控中心建设

公共平台电子路单监控中心是行业监管中心应用的重要组成部分，集中了危险货物运输管理基础信息资源、业务信息资源、监控信息资源以及第三方相关信息资源，实现海量信息在平台内的调用、整合与共享，为各级行业主管部门提供查询、统计、分析、预测、决策、展示支持等各个层次的信息资源与应用支持服务。此外，监控平台提供统一的标准函数，供需求方接入，并可获取多个服务方数据，支持服务提供方系统异构性和接入方式差异性，可与省危险货物运输 GPS 统一安全监控平台以及安监、交警、省厅等相关部门进行数据交互，实现跨区域、跨部门、跨行业主管部门间的信息交换与共享。

4.1.4　标准应用

危险品道路运输电子路单是危险品运输企业开展危险品道路运输时标明危险品货物、运输、车辆等信息并上传到交通运输物流相关的公共信息平台或数据交换中心的单证，它是危险货物运输监管网络建设的基础和关键。为了建设道路危险货物运输信息申报系统，实现危险品运输信息的交换和共享，必须有统一的电子路单标准予以支撑。

表 4-1 举例说明了部分危险品道路运输电子路单的报文结构及属性。

表 4-1　危险品道路运输电子路单示例

序号	报文层	分类编号	英文名称	中文名称	约束/出现次数	数据格式	引用文件	说　明
1	3		**LoadInfo**	装货信息	1..1			
2	4	WL0300334	PlaceOfLoading	装货地点	1..1	an..256		
3	4	WL0300229	CountrySubdivisionCode	国家行政区划代码	0..1	an..12	GB/T 2260	国家行政区划代码表示
4	4	WL0300898	EnterpriseName	企业名称	1..1	an..100		装货单位名称
5	4	WL0300412	ContactName	联系人名称	1..1	an..256		
6	4	WL0300869	TelephoneNumber	电话号码	1..1	an..18		
7	4	WL0200809	ResquestedLoadingDateTime	要求装货日期时间	1..1	n14		YYYYMMDDhhmmss
8	3		**UnloadInfo**	卸货信息	1..1			
9	4	WL0300392	PlaceOfDischarge	卸货地点	1..1	an..256		
10	4	WL0300229	CountrySubdivisionCode	国家行政区划代码	0..1	an..12	GB/T 2260	
11	4	WL0300898	EnterpriseName	企业名称	1..1	an..100		卸货单位名称

序号	报文层	分类编号	英文名称	中文名称	约束/出现次数	数据格式	引用文件	说　明
12	4	WL0300412	ContactName	联系人名称	1..1	an..256		
13	4	WL0300869	TelephoneNumber	电话号码	1..1	an..18		
14	4	WL0200821	RequestedUnloadedDate	要求卸货日期	0..1	n8		YYYYMMDD
15	4	WL0200441	GoodsReceiptDateTime	收货日期时间	0..1	n14		YYYYMMDDhhmmss
16	**3**		**TransPortInfo**	**运输信息**	0..1			
17	4	WL0800067	TransportModeCode	运输方式代码	0..1	an..3	GB/T 6512	一种运输方式代码，这里代码为3
18	4	WL0200859	VehicleDispactionDateTime	派车日期时间	1..1	n14		YYYYMMDDhhmmss
19	4	WL0200171	DespatchActualDateTime	发运实际日期时间	0..1	n14		YYYYMMDDhhmmss
20	**4**		**DriverInfo**	**驾驶员信息**	1..1			
21	5	WL0300412	ContactName	联系人名称	1..1	an..256		驾驶员姓名
22	5	WL0100808	IdentityDocumentNumber	身份证号	1..1	an..18		驾驶员身份证号码
23	5	WL0300869	TelephoneNumber	电话号码	1..1	an..18		驾驶员电话
24	5	WL0100810	QualificationCertificateNumber	从业资格证号	1..1	an..19		驾驶员从业资格证号
25	**4**		**SupercargoInfo**	**押运员信息**	1..1			
26	5	WL0300412	ContactName	联系人名称	1..1	an..256		押运员姓名
27	5	WL0100808	IdentityDocumentNumber	身份证号	1..1	an..18		押运员身份证号码
28	5	WL0300869	TelephoneNumber	电话号码	1..1	an..18		押运员电话
29	5	WL0100810	QualificationCode	从业资格证号	1..1	an..19		押运员从业资格证号

4.1.5　效果分析

　　危险货物运输监管网络建设是切实提升行业监管部门与物流企业信息化管理水平的重要举措，是落实企业安全管理主体责任的必要手段，是贯彻机关效能建设，务实高效服务于社会的具体体现。目前，浙江省已有637家危险货物运输企业通过平台实现正常、平稳、有序申报，占浙江省危险货物运输企业数的97%，运输业务主要覆盖长三角地区。危险品道路运输电子路单的应用，不仅提高运输作业申报及业务运作效率，节约运输企业报送时间，提升运输企业信息化水平，而且实现了跨部门、跨区域、跨行业的危险品道路运输信息资源整合与共享，实现单据和报表的及时准确汇总、统计和分析，加强了行业监管的透明度，提升了行政管理效率。截至2014年4月30日，本年已累计上报电子路单582 382条，监控运输总量达72.8万吨。此外，危险货物运输电子路单联网工作作为联网联控项目的重要组成部分，将推动其他省市开展电子路单申报工作。

4.2　园区/港区信息共享网络应用

4.2.1　背景介绍

目前，我国各地物流园区/港区对进出卡车较多采用了 RFID 卡管理，提高了园区或者港区内部的管理效率。然而，由于各园区/港区所发放的 RFID 卡信息不能共享，各物流园区只能向货运车辆重复发卡，从而提高了运输企业和车主的物流经营成本，降低了车辆进出各物流基地的效率。

2010 年浙江省启动了物流园区/港区信息共享网络建设工程（以下简称"园区通工程"）。该工程以 RFID 卡为载体，只要一张卡，就可以在各物流园区/港区自由通行，避免了各物流园区对货运车辆重复发卡，为运输企业和车主降低了物流经营成本，有利于提高车辆进出各物流基地的效率。同时，通过物流信息互通可以实现"一地失信、各地全知"，极大地提高了企业和车辆信用追溯能力。

该工程由全省 12 家重点扶持物流基地发起，协会全面推进，行业进行监督指导，以5 个部、省共建物流基地为龙头，以港区和省市重点扶持物流基地为重点推进建设，构筑物流基地信息网络。

4.2.2　面临的问题

我国的港区、物流园区有许多方面还处于传统物流状态，无论是在物流意识上还是在物流硬件设施上，与国外先进的现代物流相比还存在较大的差距。主要表现有：较大数量的物流园区仍以"场地出租"或者"物业服务"的模式粗放经营，新的物流信息管理和技术手段没有在物流基地得到很好的应用，限制了园区物流的发展，降低了物流效率。在各港区、园区进出的车辆"多、散、杂、乱"，车辆驾驶员在营运过程中存在着"乱停乱放"、"跑冒滴漏"等多种不规范甚至违法行为，诚信缺失已成为制约物流业整体发展的一大制约因素。目前，港区、物流园区管理中存在的主要问题如下：

（1）重复发卡，加重司机负担。各物流园区和港区都通过发放"车辆卡"，实现对进出物流园区和港区车辆的管理。各种车辆卡的发放，造成园区和港区对同一车辆重复发卡，司机必须携带多个车辆卡，易造成车辆卡使用的混乱。

（2）物流园区之间、港区之间信息缺乏互通。目前，各物流园区/港区致力于自身的信息化建设，但信息系统之间互联互通极为缺乏，导致交易信息、信用信息（包括物流企业信用信息、车辆信用信息和人员信用信息）、公共信息不能实现共享和互动。

通过物流园区/港区信息共享网络建设工程，实现各物流园区和港区的车辆卡共享，实现一处发卡，各基地通用，避免各基地对同一车辆重复发卡，减轻车主负担，提高车辆进出物流基地的效率，同时实现物流基地间的信息互通。

4.2.3　解决方案

园区通工程主要包括两方面的内容：

（1）在物流基地或园区安装公共平台免费提供的物流基地管理系统软件（或对已有系统进行接口改造），以实现物流基地信息化和物流基地间、物流基地和物流企业间、物流基地与公共平台的经营信用、车货交易等信息共享。

（2）在物流基地增加或改造具有远距离读取车辆无线射频卡功能的进出道口，对进出物流基地车辆安装统一标准的射频卡，实现车辆进出道口不停车管理。通过物流基地信息管理系统和车辆射频卡，实现浙江省物流基地间的信用共享和车辆互通效果。以"统一标准、统一设计、分头建设、协同管理"方式开展园区通工程建设，可以实现"一方发卡，各地通行；一地失信，各地全知"的目的。总体业务场景如图 4-3 所示。

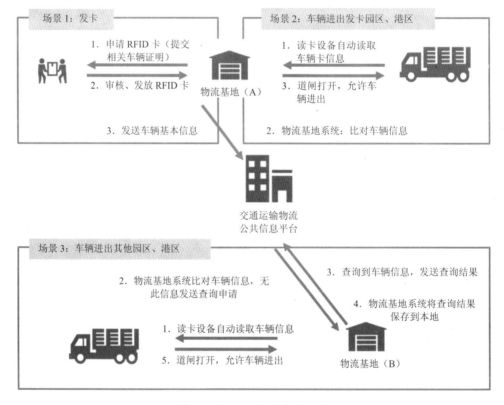

图 4-3　园区通总体业务场景

4.2.4　标准应用

在园区通工程中应用的主要标准包括车辆卡应用服务规范和信用信息应用服务规范。车辆卡是实现物流园区/港区间的信用共享和车辆互通的载体。车辆卡应用服务规范中主要是对于车辆卡与交通运输物流公共信息平台之间的数据交换和信息服务做出规范，包括车辆卡注册信息、车辆园区登记信息和车辆进出信息的上传以及车辆卡信息的查询。信用信息应用服务规范对平台提供的业户、车辆和人员信用信息业务报文上传和信用信息查询服务调用接口进行规定。信用信息应用服务规范在 3.3.2 节已介绍，这里不再赘述。

1）车辆卡注册信息上传

物流站场（园区、港区、堆场等）对会员车辆进行登记后发卡，并将发卡/销卡/更新卡等信息上传至平台数据交换中心，实现车辆卡信息共享。表 4-2 为车辆卡注册信息上传报文结构及属性示例。

表 4-2　车辆卡注册信息上传报文结构及属性示例

序号	报文层Level	分类编号	英文名称	中文名称	约束/出现次数	数据格式	引用文件	说　明
1	4	WL0800819	LicensePlateTypeCode	牌照类型代码	1..1	an..20	GA 24.7	车辆牌照号所对应的机动号牌种类代码
2	4	WL0800802	VehicleNumber	车辆牌照号	1..1	an..35		运输车辆的牌照号
3	4	WL0800801	VehicleClassificationCode	车辆类型代码	1..1	an3	GA 24.4	标示车辆分类名称的代码
4	4	WL0800812	VehicleTonnage	车辆载质量	1..1	n..9,2		运输车辆出厂时额定承载的吨位数，计量单位：t（吨）
5	4	WL0800820	VehicleEngineNumber	车辆发动机号	0..1	an..50		车辆发动机的系列号
6	4	WL0800822	VehicleFrameNumber	车辆车架号	0..1	an..17		车辆制造商产生的车辆识别代码
7	4	WL0800824	VehicleBrandModel	车辆厂牌型号	0..1	an..50		制造厂对具有同类型、品牌、种类、系列及车型式、类型和款式的车辆所给予的名称
8	4	WL0800830	VehicleSeats	车辆座位	0..1	n..6		货运车辆出厂时核定的座位数
9	4	WL0800816	RoadTransportCertificateNumber	道路运输证号	0..1	n12		行业主管部门签发的道路运输证件号码
10	4	WL0800963	RoadTransportationCertificateCodeContainedProvinceAbbreviation	道路运输证省简称	0..1	an..6		
11	4	WL0800965	RoadTransportationCertificateCodeContainedCityAbbreviation	道路运输证地市简称	0..1	an..6		

2）车辆园区登记信息上传

物流站场（园区、港区、堆场等）将车辆卡登记信息上传至平台数据交换中心。已发卡车辆第一次进入其他物流站场将在该处进行注册登记。表 4-3 为车辆园区登记信息上传报文结构及属性示例。

表4-3 车辆园区登记信息上传报文结构及属性示例

序号	报文层 Level	分类编号	英文名称	中文名称	约束/出现次数	数据格式	引用文件	说　明
1	2		Body	报文体	1..1			
2	3	WL0800828	VehicleIdentityCardNumber	车辆识别卡号	1..1	an..20		
3	3	WL0800827	VehicleIdentityCardTypeCode	车辆识别卡类型代码	1..1	an..2	见 JT/T 919.1 的 7.11	
4	3	WL0800802	VehicleNumber	车辆牌照号	1..1	an..35		
5	3	WL0800819	LicensePlateTypeCode	牌照类型代码	1..1	an..20	采用 GA 24.7 中的相关规定	
6	3	WL1000913	LogisticsExchangeCode	物流交换代码	1..1	an..20		登记园区的物流交换代码
7	3	WL0200903	RegisterDateTime	登记日期时间	1..1	n14		第一次进入园区的卡的登记时间 YYYYMMDDhhmmss
8	3	WL0400440	FreeText	自由文本	0..1	an..512		登记备注

3）车辆进出信息上传

物流站场（园区、港区、堆场等）记录车辆的进出时间信息，并将此信息上传到平台数据交换中心，供各站场或其他系统共享。表4-4为车辆进出信息上传报文结构及属性示例。

表4-4 车辆进出登记信息上传报文结构及属性示例

序号	报文层 Level	分类编号	英文名称	中文名称	约束/出现次数	数据格式	引用文件	说　明
1	4	WL0800962	TrailerVehiclePlateNumber	挂车车牌号	0..1	an..35		
2	4	WL0800828	VehicleIdentityCardNumber	车辆识别卡号	0..1	an..20		车辆在物流园区领取的识别卡卡号
3	4	WL0800827	VehicleIdentityCardTypeCode	车辆识别卡类型代码	0..1	an..2	见 JT/T 919.1 的 7.11	车辆识别卡类型的代码表示
4	4		EnteringInformetion	进场信息	0..1			车辆最近一次进场的信息
5	5	WL0200841	EnteringDateTime	进场日期时间	1..1	n14		车辆最近一次进入物流园区的日期时间
6	5	WL0400440	FreeText	自由文本	0..1	an..512		进场信息的自由描述
7	4		GoOffInformetion	出场信息	0..1			车辆最近一次出场的信息
8	5	WL0200839	GoOffDateTime	出场日期时间	1..1	n14		车辆最近一次离开物流园区的日期时间
9	5	WL0400440	FreeText	自由文本	0..1	an..512		出场信息的自由描述
10	3		ParkingInformation	停车场信息	0..n			

4）车辆卡信息查询

服务需求方通过车辆牌照号码、车辆识别卡向交通运输物流公共信息平台数据交换中心查询，获取该车辆卡信息。表 4-5 为车辆卡信息查询服务调用请求参数的示例，表 4-6 为车辆卡信息查询服务调用响应结果的示例。

表 4-5　车辆卡信息查询服务调用请求参数示例

序号	报文层Level	分类编号	英文名称	中文名称	约束/出现次数	数据格式	引用文件	说　明
1	1	WL0800802	VehicleNumber	车辆牌照号	0..1	an..35		车辆牌照号与车辆识别卡号二者必选一
2	1	WL0800819	LicensePlateTypeCode	牌照类型代码	0..1	an..20	GA 24.7	车辆牌照号所对应的机动号牌种类代码
3	1	WL0800828	VehicleIdentityCardNumber	车辆识别卡号	0..1	an..20		车辆在物流园区领取的识别卡卡号
4	1	WL0800827	VehicleIdentityCardTypeCode	车辆识别卡类型代码	0..1	an..2	见 JT/T 919.1—2014 的 7.11	车辆识别卡类型的代码表示

表 4-6　车辆卡信息查询服务调用响应结果示例

序号	报文层Level	分类编号	英文名称	中文名称	约束/出现次数	数据格式	引用文件	说　明
1	1		VehicleInfomation	车辆信息	1..1			
2	2	WL0800819	LicensePlateTypeCode	牌照类型代码	1..1	an..20	GA 24.7	车辆牌照号所对应的机动号牌种类代码
3	2	WL0800802	VehicleNumber	车辆牌照号	1..1	an..35		运输车辆的牌照号
4	1		VehicleIdentifierCardInfomation	车辆卡信息	0..n			
5	2	WL0800828	VehicleIdentityCardNumber	车辆识别卡号	1..1	an..20		车辆在物流园区领取的识别卡卡号
6	2	WL0800827	VehicleIdentityCardTypeCode	车辆识别卡类型代码	1..1	an..2	见 JT/T 919.1—2014 的 7.11	车辆识别卡类型的代码表示
7	2	WL0800938	AuthenticatingCode	防伪认证码	1..1	an..20		根据特定算法，根据卡号算出用于验证车辆识别卡的真伪的代码
8	2	WL0200893	IssueCardDatetime	发卡日期时间	1..1	n14		发出车辆识别卡的日期时间
9	2	WL0200891	UpdateDateTime	更新日期时间	0..1	n14		车辆最后修改更新的日期时间
10	2	WL0800930	VehicleCorporationName	车辆所属单位名称	0..1	an..100		货运车辆隶属公司的名称
11	2	WL0300922	VehicleUserName	车辆使用者名称	0..1	an..100		车辆使用者的名称或信息

4.2.5　效果分析

物流园区之间依托交通运输物流公共信息平台形成了一种信息共享和资源开放的协同发展模式，这是现代物流业现实发展的必然要求。物流园区/港区信息共享网络工程的建设，不仅提高了园区内部管理和车辆进出效率，而且有利于实现信息共享和资源整合，推动区域物流发展。具体应用效果如下：

（1）提高园区内部管理效率。在进出车辆管理、园区物业管理、财务结算等方面实现了园区数据的自动统计，大大提高了企业工作效率，按每家园区可节约 10 万元/人左右的人力成本。按现有已推广的 14 家物流企业计算，工程在这一方面每年直接产生经济效益 140 万元。

（2）提高了车辆进出园区效率。以前的车辆登记采用的是手工登记在簿，还需人员核对，进场时间较长、效率较低。现在进场只需刷卡并输入车牌号码即可，其他部分都由软件完成，从原有的 1 分钟到现在的 20 秒，节约了 2/3 的时间。按项目合计现有车辆进出总数统计，合计节省时间约为 72 000 小时。极大减少了园区车辆拥堵现象，促进节能减排，在取得巨大经济效益的同时带来了良好的社会效益。

（3）为构建物流运输信用体系提供支撑。各港区、园区对车辆驾驶员的行为进行记录并通过公共平台进行信用信息的共享和交换，有利于减少运输过程中的违法违规行为，推进物流运输信用体系的建设。

（4）整合资源推动区域物流发展。园区通工程在公共平台的基础上，推进各园区物流信息的共享和交换，在整合区域社会物流资源、推动产业发展、提高整体经济运行效率的方面起到了关键作用。

4.3　供应链协作应用

4.3.1　背景介绍

大物流建设强调以"做优秀的供应链组织商、渠道商、服务商"为定位，搭建协调、合作、共赢的供应链管理平台，通过各成员的信息共享、紧密协作，将供应链上所有节点紧密联系，并进行管理和优化，实现生产和销售的有效链接。大物流链条中最重要的部分是上游厂商和下游零售商。交通运输物流公共信息平台利用平台的基础交换服务，辅之以标准化管理软件和多领域的应用服务可以完成物流供应链业务流程的整合优化和信息的交换共享。下面以浙江省新华书店与物流企业业务系统互联项目为案例，介绍平台标准的应用。

浙江省新华书店集团有限公司（以下简称"新华书店"）是一家具有出版物总发行资质和跨省连锁经营资质的出版物发行企业集团。集团公司以技术为先导，建设信息系统和现代物流系统：开发了全行业领先的、具有自主知识产权的 ERP 系统，建设了 14 万平方米的大型现代化书业物流中心，规范业务流程，统一信息标准，整合行业产品资源和信息资源达 160 万种，年流转品种 100 万种，总部常年在架品种达到 50 万种，建立了全集团信息一体化、库存一体化、市场一体化的连锁经营运作体系。

4.3.2　面临的问题

新华书店有 10 多家承运商以及众多的供应商，每年保守估计约有 35 万个以上的单据交换和流通。随着业务的迅速发展，其对供应链的管理，承运商的掌控以及信息的及时性的要求越来越高。本项目实施前其与下游承运商以及上游供应商之间的信息交换，还是使用原始的纸质交换，货物节点信息无法实时获取，直接影响新华书店企业本身的效率，从而连带影响了整条供应链的响应时间和效率。突出表现在：

（1）纸质单据成本高，容易丢失、损坏，统计结算麻烦。

（2）与承运商沟通托运信息基本依靠电话和传真，沟通成本高。

（3）双方人员需要将纸质单据录入信息系统，费时、费力，容易出错的同时极大地影响了货物的发运时间。

（4）无法及时获取货运回单信息，需要手工对信息进行比对和结算，因此效率低下，准确性差，数据查询困难。

（5）由于外部承运原因引起的客户投诉增加，处理起来费时费力，极大地影响了企业形象。

图 4-4 是新华书店与下游承运商之间采用数据交换前的业务流程，可以看到其中包含了多项人工录入、电话沟通、传真确认等效率较低、容易出错的工作内容。

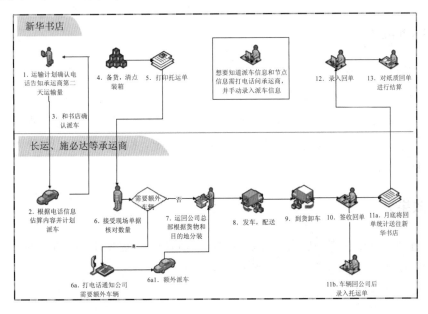

图 4-4　新华书店与下游承运商之间采用数据交换前的业务流程

4.3.3　解决方案

利用交通运输物流公共信息平台的基础交换服务，辅之以标准化管理软件和多领域的应用服务完成以新华书店为核心的供应链的整合优化。

1．统一不同企业间信息交换标准

选取与新华书店的实际业务匹配的单据，遵循平台推出的信息交换标准体系的原则进行扩展，帮助其用统一的数据格式面对不同的下游承运商，做到一个标准，多方交换。

2．通过不同的方法推进不同承运商系统的接入

新华书店的承运商中既有长运物流、佳吉物流等拥有复杂运输管理系统的大型物流企业，也有施必达、神州等有一定信息化基础的中型物流企业，还有如圣通、恒茂等基本没有信息化系统，专注于几条精品配送线路的中小型物流企业。平台会根据不同企业的不同情况，推出不同的办法来帮助这些承运商的信息系统的对接，顺利完成信息交换。

3．建设一条公共、安全、便捷的数据交换通道

平台的基础交换网络建设是一个公共、安全、便捷的交换通道。平台不解析企业的业务内容，只提供一个交换的通道。平台保证交换网络足够的带宽，通过物流交换代码、TOKEN、防火墙来保证信息交换的安全和唯一。这就类似于在互联网上搭建了一个免费、公共的电子信息邮局，处理各方的电子信息往来，同时使所有的交换需求只须面对唯一的交换平台，保证了信息无缝对接。

4.3.4　标准应用

新华书店与物流企业业务系统互联项目主要是为了整合和优化新华书店与其下游承运商之间的业务流程，实现单证的电子化，实现物流供应链的信息共享和业务协作。项目中主要应用的是道路运输电子单证标准中对普通运输托运单、普通运输派车单、普通运输托运状态变化单和普通运输回执单四种单证的规定，相关内容在3.1.3节第2项已进行介绍，这里不再赘述。

4.3.5　效果分析

（1）有效整合以新华书店为核心的供应链，解决因数据不对称而造成的链条割裂、服务不到位及效率低下问题，提升整个供应链的整体服务能力。

（2）减少货物运输服务或者纸质单据传递中因人力因素产生的差错，降低成本、提高效率。

（3）可以提供贯穿整个供应链的货物或资产可视化的服务。

（4）降低不同企业间系统互联的复杂度，减少信息化互联成本。

（5）借助于互联提升新华书店供应链上的服务能力，提高客户的满意度，从而达到提升企业整体形象和竞争力的目的。

4.4　货物跟踪服务应用

4.4.1　背景介绍

随着我国物流行业的信息化水平不断提高，我国物流行业得到了迅猛的发展，无论是企业还是个人对于物流服务信息化需求也在不断提高，货主、物流企业、收货方都希望及时获得货物在运输过程中的信息和安全状况，提升自身信息化服务能力的同时促进供应链整体服务水平的提升。

物流信息跟踪主要是对物流的运输载体及物流活动涉及的货物所在地进行跟踪。目前，最广泛使用的是 GPS 和 GIS 技术。

4.4.2　面临的问题

目前，各企业单位为了实现物流跟踪服务，更多的是货主企业、大型物流企业和收货企业独立建设跟踪中心，总体投资成本大。同时货主企业、大型物流企业和收货企业对于物流供应商的协调难度也很大，往往只能获取部分物流跟踪信息，缺乏完整的供应链信息的获取手段。随着供应链复杂程度的不断提高，现有企业的跟踪功能已经无法满足更高服务水平的要求，需要站在整个供应链管控的角度对信息平台现有的物流跟踪功能进行整合、升级、再造，形成一个全新的系统，为供应链各方提供全面、精细、个性化等多方面服务，以满足用户类型多、信息整合要求高、服务内容多等要求。

因此，建设物流公共信息平台进行货物运输信息通道和货物运输节点信息采集，整合货物运输信息资源，建设物流跟踪中心（以下简称"跟踪中心"），是解决目前问题的最好办法。通过构建公共的信息平台可避免各企业单位重复投入建设，在节省投资成本的同时又能提高物流效率，从而完善整体物流供应链的跟踪信息。

4.4.3　解决方案

物流跟踪中心以打造具有社会化的公共货物跟踪服务体系为出发点，实现对物流产业链中各角色全面、快速、有效的物流跟踪。它基于公共平台与货主企业、物流企业、物流平台、各物流节点（如港口、海关/电子口岸、航运企业等）的互联互通，整合物流产业链上的物流状态信息，以可视、可量化、可控为指导原则，为整个物流产业链提供

跨企业、跨运输方式的个性化、多维度的物流跟踪服务。物流跟踪中心整体架构如图 4-5
所示。

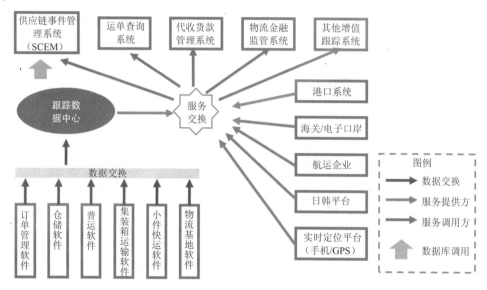

图 4-5　货物跟踪中心整体架构

1) 跟踪数据来源

跟踪数据提供方分成两类。

(1) 通过数据交换方式:一般物流企业及上下游相关企业通过数据交换将跟踪信息
发送到平台跟踪中心。

(2) 通过服务交换方式:港口系统、海关等物流重要节点的信息通过服务交换的方
式提供数据,在有需要的时候可以通过服务交换获取。

2) 跟踪服务

(1) 供应链事件管理(SCEM):以供应链核心企业、物流服务提供商及核心企业供
应商、客户为主要服务对象,以实现供应链(物流链)的事件可视、可控、可量化为目
标,为企业提供货物全流程的状态跟踪服务,并通过预警提示和 KPI 考核功能实现业务
流程优化和功能整合,掌握运输效率,以便对运输效率情况进行管理和分析。

(2) 运单查询:提供简单、用户友好的运单查询服务,可以通过服务交换查询到各
大物流服务提供商的跟踪信息。

(3) 代收货款管理:通过追踪物流各节点,特别是到货节点的信息,进行代收货款
的管理,解决代收货款的计划、收取、划拨等问题。

(4) 物流金融监管:通过追踪仓储库存、出入库信息乃至视频、红外监控等信息,
帮助物流金融监管方(如银行、小额贷款公司)实时掌握货品情况。

(5) 其他增值跟踪系统:其他物流增值服务商提供的增值跟踪服务。

4.4.4　标准应用

物流跟踪中心基于交通运输物流公共信息平台负责电子单证的（包括托运单、作业单等运输企业的业务单据）数据交换，并整合外部相关车辆定位服务商、电子口岸通关服务平台、港口 EDI 服务平台、集装箱跟踪增值服务商等，提供陆运、海运、空运、铁路等物流状态的静态跟踪、动态跟踪及相关增值服务的公共应用系统。项目中主要应用的是跟踪应用服务规范，相关内容在 3.3.1 节中已进行介绍，这里不再赘述。

4.4.5　效果分析

通过货物跟踪中心的开发和建设，实现物流跟踪信息的共享，将取得提升供应链管理服务水平、提高运营效率、降低总体成本等多方面的成效。

（1）提升服务水平：通过货物跟踪中心可以有效获得货物流动的信息，掌握货物在物流链中的状态，及时定位货物异常并进行控制，提高货物运输的准确性和及时性。

（2）提高运营效率：通过货物跟踪系统所得到的有关货物运送状态的信息丰富了供应链的信息分享源。电子化的跟踪手段，减少了电话、传真等传统人工跟踪存在的低效、低质的现象，有效提升了企业在计划、协调、生产等各方面的运营效率。

（3）降低总体成本：平台建设的公共物流跟踪系统，减少了供应链核心企业、物流企业等多方的重复投资与建设，有效降低了全社会的建设成本；企业应用跟踪中心减少了人工投入及纸张使用，降低了企业的运作成本，促进了物流业的健康发展。

REFERENCE 参考文献

[1] 陈火全，郭东强．发达国家和地区物流信息化平台商业模式研究[J]．华中师范大学学报（人文社会科学版），2010，（3）．

[2] 张志坚．物流公共信息平台研究综述[J]．科技管理研究，2011，（8）．

[3] 翁心刚．区域性国际物流信息平台构建研究[J]．中国流通经济，2011，（12）．

[4] 郭成．发达国家物流标准化建设对我国的启示[J]．中国标准化，2003，（6）．

[5] 杨辉．发达国家物流标准化发展趋势及我国的对策[J]．交通与运输，2006．

[6] 王坚红，于宗元，徐生华．我国物流标准化存在的问题及对策[J]．郑州航空工业管理学院学报，2004，（4）．

[7] 宋寅平．标准信息服务能力建设的一项重大举措——国家科技基础条件平台建设重点项目规划与实施[J]．中国标准化，2007，（2）．

[8] 杨辉．加强我国标准信息咨询服务的探讨[J]．机械工业标准化与质量，2007，（3）．

[9] 孙晓波．物流标准化对物流企业竞争力提升的作用分析[J]．物流科技，2006．

[10] 王佐．物流标准化体系的架构[J]．中国物流与采购，2004，（10）．

[11] 张成海，李素彩．我国物流标准体系研究[J]．中国标准化，2004，（2）．

[12] 阎骥．我国物流标准化战略研究[D]．北京：北京交通大学，2006．

[13] 周正篙，姚冠新．关于物流标准化工作的探讨[J]．物流科技，2005，（1）．

[14] 郭成．发达国家物流标准化建设对我国的启示[J]．中国标准化，2003，（6）．

[15] 周启蕾，许笑平．物流标准化建设中的问题与对策[J]．交通标准化，2005，（4）．

[16] 陶文盛．物流信息平台的可行性研究[D]．广东：广东工业大学，2007．

[17] 赵英妹．黑龙江省共用物流信息平台构建分析[J]．交通企业管理，2007，（11）．

[18] 杨蓓．区域物流综合信息平台构建研究[D]．甘肃：兰州大学，2008．

[19] 杨扬．空港物流信息平台框架研究[J]．物流技术，2006，（5）．

[20] 苏志远．统一的物流信息平台探析[J]．物流技术，2005，（8）．

[21] 董雷．区域物流信息平台的构建、实施与运营研究[J]．物流技术，2006，（4）．